精准表达

别输在不会表达上

滕龙江◎编著

云南出版集团

云南人民出版社

图书在版编目（CIP）数据

精准表达：别输在不会表达上／滕龙江编著．——
昆明：云南人民出版社，2020.9
ISBN 978-7-222-19553-0

Ⅰ．①精… Ⅱ．①滕… Ⅲ．①语言艺术－通俗读物
Ⅳ．① H019-49

中国版本图书馆 CIP 数据核字 (2020) 第 153437 号

责任编辑：李 洁
装帧设计：周 飞
责任校对：胡元青
责任印制：马文杰

精准表达 别输在不会表达上
JINGZHUN BIAODA BIE SHU ZAI BUHUI BIAODA SHANG

滕龙江 编著

出版 云南出版集团 云南人民出版社
发行 云南人民出版社
社址 昆明市环城西路609号
邮编 650034
网址 www.ynpph.com.cn
E-mail ynrms@sina.com
开本 880mm×1230mm 1/32
印张 7
字数 150千
版次 2020年9月第1版第1次印刷
印刷 永清县晔盛亚胶印有限公司
书号 ISBN 978-7-222-19553-0
定价 38.00元

如有图书质量及相关问题请与我社联系
审校部电话：0871-64164626 印刷科电话：0871-64191534

云南人民出版社公众微信号

前　言

　　中国有句古话叫"打蛇打七寸"，如果你一定要追问"七寸"在哪儿，虽然我能用生物学知识来满足你的好奇心，但是显然这样会使我们的说话重点发生偏移，很可能你还会为此与我争执一番：打蛇还是要打"三寸"的好。而我只不过是想告诉你，无论打哪里，唯有打到致命的地方才会一击毙命。

　　这也告诉我们一个道理：说话做事一定要抓住问题的关键。就说话而言，想要做到精准表达，说话时就必须有重点。

　　精准表达显示的是一个人学识的广博、语言的隽永、举止的优雅和应变的灵活，它往往是一个人综合素质的体现。拥有精准高超的表达技巧是每个人渴望的目标。掌握了精准表达的技巧，能让你一步步实现目标，从此冷静自信地站在所有人面前，流利自如、随心所欲地表达自己的思想，在生活与工作的舞台上左右逢源，在人生的各种舞台上挥洒自如，展现风采，大显身手。

会精准表达，有助于办好事情。同一个问题变换不同的说话方式将得到截然不同的效果。有求于人，想要拉近关系；遇到僵局，想要无形化解；遭到拒绝，想要说服对方……只有说好难说的话，才能助你办好难办的事。

说话没分寸、没艺术，即使是赞扬的话，别人听了也会不舒服。说话有分寸、讲方法，即使是批评的话，别人也能乐于接受。

如何同上司说话？如何同客户沟通？如何拒绝朋友？如何抚慰家人？人情网中，拿好语言之矛，才能攻破人心之盾。

在什么情况、对什么人说话，都要讲求艺术性。对方豪爽，就说直率的话；对方保守，就说稳妥的话；对方崇尚学问，就说高深的话。这是语言之道，也是处世之道。

很多时候，我们输在语言表达上，都是因为一些细节方面不注意。其实，经过后天的专门训练，都可以改变的。无数人通过亲身经历证明，只要掌握了正确的训练方法，平时勤加练习，最终是可以改善的。

本书理论和实例相结合，以通俗易懂的语言深入浅出地论述了如何精准表达的说话艺术，总结出了一整套易练习、见效快的语言表达训练方法。通过本书的学习，你会发现语言表达，绝不仅是一件工具，而是一门真正的生活艺术。

学习最受欢迎的说话艺术，不让人生输在表达上！最后，谢谢你选择本书，希望本书能给带给你一个不一样的体验和不一样的人生。

目 录

第三章　提问抓重点，让问题更有价值

第四章　所答即所问，那些漂亮的回话艺术

第五章　批评讲方法，态度要诚恳

第六章　以理服人，掌握说服他人的话语权

第七章　拒绝别人，把话说到点子上才行

第一章
话不在多，
简洁表达更有力量

话不在多，达意就行。我们说话的目的是交流，主要是能够让大家明白你要说什么。说话的重点就在于言简意赅、一语中的。有的人滔滔不绝、口若悬河，但是听话者却仍不明白他在说什么；也有的人常常惜字如金，却能一语中的，把话说到点子上。朴实无华的语言、直截了当的阐述更容易被交流者接受，也更有助于你沟通获得成功。

1. 说话得当，引人入胜

在交际生活中，免不了会遇到需要我们说几句话的场合，这时候，如果话说得恰当，就能使事情获得圆满的结果。

擅长沟通的人，总可以流利地表达出自己的意愿，也能把道理说得比较透彻、动听，使别人很乐于接受。有时候还可以从交谈中立即判断出对方的意图，或从对方的话语中得到启示，而且还能通过对话，增进了解，与对方建立良好的关系。

我们常常看到一些不擅长说话的人所遭遇的情形恰恰相反。他们常常不能完整地表达出自己的意图，往往对方费神听，却不明白他们所表达的意思，这就使沟通出现了困难。

与别人洽谈，或与别人合作的时候，说话得当的人总可以很愉快地把许多事情谈成功，而不会说话的人结果却往往与对方不欢而散。

"信口开河""放连珠炮"都是不好的说话方式。"信口开河"并非表示你很会说话；相反，这证明你说话缺乏诚意，不真实、不负责任。形容一件事或者一个人，都应恰到好处。别以为夸大其词可以收到预期的效果，事实上，言过其实反而受人轻视。至于说话像"放连珠炮"，那只会使人厌烦。

再者，说话是将文字组合起来用声音表达出来。"话"的实体还是字眼本身。运用字眼有以下几个原则：

（1）说话要越简洁越好

有些人叙述一件事情，喜欢卖弄才华，用重复的形容词，或用西方语言特有的修辞手法，或穿插一些歇后语、俏皮话，或引用经典、名人语录。费了很大的劲，别人不知道在说什么，反而给人不踏实的印象。

有些人在说话时，东拉西扯，缺少语言组织能力，亦给人不知所云的感觉。

在说话时记住说得简明扼要就行了。在话未出口时，先在脑子里构思一个轮廓，然后再按顺序一一说出来。

（2）词汇不要重复使用

说一句"为什么"就够了，而有些人却要说："为什么？为什么？"答应别人一件事，说一两个"好"就足够了，但有些人却说"好好好好"，告别时要说"再见再见再见"。这些重复的词，在加强语气时才用，其效果也与单独一个词有差别。

（3）同样的名词不可用得太多

某人在解释月球上不可能有生命这一问题时，在几分钟内，把"从科学的观点上说"这句话用了二三十次。任何显示才华或新颖的词，用多了就会失去它应有的价值。

第一次用花来比喻女人的人是聪明的，但第二次再这么比喻反而就显出了这人的贫乏。我们当然不必拘泥上面所说的，每说一件事都要创造一个新名词，但把一句话在同一事件中反复来用，就会使人厌倦。

有一次，一位幼儿园老师讲故事。说到某公主，她说：

"这公主是很美丽的。"说到太阳，她也说："这太阳是很美丽的。"此外说到水池、小羊、草地、高山，她也都用"很美丽的"来形容。结果小朋友们问她："老师，到底哪个是最美丽的？"

她为什么不用"可爱的""柔嫩的""明亮的"等词来替换一下呢？这不是可以增加听者的兴趣吗？

（4）要改掉说口头禅的习惯

当某一句话成为你的口头禅时，你就很容易被它束缚住，以致无论你想说什么，也不管是否适用，都会脱口而出。这毛病是容易被人取笑的。你或许爱说"岂有此理"，也许爱说"绝对的"，也许爱说"没问题"，但这些和你说的话毫不相干的口头禅，还是尽量避免吧！

（5）不说粗俗的字眼

古谚道："字乃人之衣冠。"现在我们说："言语为个人学问和品德的衣冠。"相信这没有什么不妥吧。有些人看上去雍容华贵，但是不开口还好，一开口就满口粗话，甚至不雅的下流话也出了口，使人听了作呕，敬慕之心也会顿时消失。

你可以用幽默有趣的话来表现你的聪明、活泼和风趣，但低俗的话是无法展现你的优点的。一句不中听的话，会使别人觉得你卑劣、轻佻和无知。

粗俗的字句不可用，太深奥的学术用语在大众场合也不可多用，除非你与学者讨论学术问题。随便滥用学术用语，听不懂的人不知你在说些什么，反而会以为你有意炫耀你的才华；听得懂的人又觉得这种表达方式近乎浅薄。

在不知对方的文化程度时，用词要谨慎。有些人不管对方懂不懂，就随便在话中夹入外语，这应尽量避免。

良好的交际语言，应该是大方、生动、平易近人的语言。

2. 良言一句三冬暖

在生活中，与人交流是避免不了的，想知道说什么、怎么说，什么话能说、什么话不能说，都是需要用心思考的。能不能与人很好地沟通，关键还在能不能把话说到对方的心坎上。

我们在生活中常会遇到这种情况：一句诚实、有礼貌的话，可平息一场不愉快的争吵；一句粗野污秽的话，可引起一场轩然大波。"良言一句三冬暖，恶语伤人六月寒"就是这个道理。有人说言语是思想的衣裳，谈吐是行动的羽翼。语言可以反映出一个人的高雅，也可以表现出一个人的粗俗。言谈高雅即行动之稳健，说话轻浮即行动之草率。

大家知道，相声是一门语言艺术。其实，相声正是很好地利用了语言这种交流工具，巧妙地调动听者的情绪，让听者兴奋起来，大声笑出来。它足以说明善说与不善说的区别。很难想象一个想什么就直接说什么的人会演好相声。正如话说得合适，不仅能体现出自身的好修养，也能让别人舒服地接受观点或意见。没有谁喜欢经常用恶语伤人的人。

一种苦味的药丸外面裹着糖衣，放进嘴里，先尝到甜味，便于人们吞药下肚子。之后药物进入胃肠化开，药性发生效用，疾病也就好了。我们要规劝他人，也应尝试一下委婉的说法。

上海有家理发店，一天，有位高个子的姑娘走进店来，要理发师给她理一个像日本电影《生死恋》中的女主人公夏子那样的发型。

女理发师发现这位姑娘长得俊俏，只是脖子很长，如果像夏子那样把头发盘上去，势必把脖子全部暴露出来，未必好看，但要直说，又怕伤害对方的自尊心。她想了一下，温和地说："小姐，听你的口音不是上海人吧？"

"我是东北人，到上海好几年了。"

"怪不得，你长得比较高。其实，高才好看，身材苗条，穿裙子也漂亮。"

几句话，把对方说得心里甜丝丝的，双方的距离一下子拉近了。对方还没开腔，女理发师又说："现在秋天已经到了，头发盘上去，脖子会不会有些凉？"一句话，提醒了对方，姑娘连忙说："那让我再考虑考虑。"

女理发师忙说："我也正想和你商量，不如剪个'波浪式'，发脚刚好披在肩上，下部卷曲，中间起伏，上面收拢，配上你这身段，一定很好看。"姑娘听后想了想，满意地点了点头。

如果女理发师直接说："你的脖子这么长，理这种发式太难看。"对方一定会被气走。要使对方明白"长脖子不宜盘头"

这个道理，又不伤害对方的自尊心，那就应该采取间接规劝的办法。女理发师以拉家常的方式闲谈，先从籍贯谈起，毫不涉及"长脖子"的问题。当对方说出是东北人时，女理发师立即联想到北方人个子高，于是抓住这个契机，将话题引到身材上去，几句话就把对方说得心花怒放。当双方有了进一步谈话的基础后，女理发师又不失时机地点到"脖子"这个要害，但又不是故意揭对方的"短儿"，并没有引起对方的反感，却提醒了对方要注意的问题，最终达到了女理发师的目的。

　　办公室文员刘菲是一个说话不委婉的人，她性格非常内向，平时不太爱说话。当有人就某件事情征求她的意见时，她突然间说出来的话往往会很"刺"人，而且她的话总是在揭别人的"短儿"。

　　一次，一位女同事穿了件新衣服，其他人都称赞"漂亮""合适"。问及刘菲时，她不假思索地说："一般！我觉得这种颜色你穿有点艳。还有，你太胖了，裙子看起来有点儿紧。"

　　当事人很生气，而且其他大赞衣服好看的人也很尴尬。刘菲不懂体会对方的心理感受，说的话"太真实"。虽然有时刘菲会为自己说出的话后悔，可在发表意见时，她仍然管不住自己，总是把别人最不爱听的话说出来，让人难以接受。时间一久，同事们便把她排除在集体之外，都不愿意和她说话，结果公司里几乎无人主动搭理她。

人，都希望别人能对自己诚实，但在某些特定的场合下，如顾及面子、自尊，出于保密等，实话实说往往会令人尴尬，伤及自尊。所以，做人得学会把话说到别人的心里去，这样在交际场上才能百战不殆。

3. 话不在多而在精

话是否受人欢迎，在于是否抓住关键，是否说到点子上，是否能打动听众。对于那些空话套话，人们很反感，甚至觉得听这种话是在浪费生命。

在初次交往中，如果说话啰唆，就会使人反感，英国人波普说："话犹如树叶，在树叶太茂盛的地方，很难见到智慧的果实。"

言不在多，达意则灵。讲话简练有力，能使人兴味不减；冗词赘语，唠叨啰唆不得要领，必令人生厌。

马克·吐温讲过这样一个故事：

有个礼拜天，马克·吐温到礼拜堂去，适逢一位传教士在那里用令人哀怜的语言讲述非洲传教士苦难的生活。当他说了5分钟后，马克·吐温马上决定对这件有意义的事情捐助50元；当他接着讲了10分钟后，马克·吐温就决定把捐助的数目减至25元；当他继续滔滔不绝地讲了半小时后，马克·吐温又决定减到5元；最后，当他讲了一个小时，拿起钵子向听众请求捐助并从马克·吐温面前走过的时候，马克·吐温却反而从钵子里偷走了2元钱。

通过幽默的故事我们可以看出，讲话还是短一点、实在一点好，长篇大论、泛泛而谈容易引起听众的反感，效果反而不好。

有句俗语说得好："蛤蟆从晚叫到天亮，不会引人注意；公鸡只啼一声，人们就起身干活"。的确，会说话的人，不一定是说话最多的人，话贵在精，多说无益。而现实中，说话啰唆的人往往觉得自己所说的话含义丰富，却认识不到自己的弱点。

有两个多年未见面的老朋友相聚，他们彼此都对此盼望了很久。结果其中一个带了他热情开朗的新婚妻子一起来。那位妻子从一开始就独占了整个谈话，她滔滔不绝，一个接一个地说着一些自己觉得很好笑、很有趣味的事情。出于礼貌，两个男人沉默地听着，偶尔尴尬地彼此对看一眼。当他们分手的时候，那位妻子站在门口的台阶上挥舞着手套，兴高采烈地说："再见！"她觉得度过了一个很有意义的夜晚，认识了丈夫的朋友，还进行了一次快乐的谈话。而两个男人却对分别多年的老朋友的情况仍旧一无所知，心里诅咒着这个开朗得过分的女人，即使她的丈夫也是如此。

对于说话啰唆的人，心理学专家们为他们罗列出七个典型的特征：

（1）打断他人的谈话或抢接别人的话题，希望整个谈话以

"我"为重点；

（2）由于自己注意力分散，一再要求别人重复说过的话题，或一再重复自己已经说过的话；

（3）像连珠炮一样表达自己的意见，反而给人一种不尊重他人的印象；

（4）随便解释某种现象，轻率地下定论，借以表现自己是内行；

（5）说话不合逻辑，令人难以领会意图；轻易地从一个话题跳到另一个话题，令听者感到莫名其妙；

（6）不适当地强调某些与主题风马牛不相及的东西，东拉西扯；

（7）觉得自己说的比别人说的更有趣。

"是非只为多开口"，话说得多，出毛病的机会也就多。聪明的人大都不随便说话，唯有胸无半点墨的人喜欢自吹自擂。"宁可把嘴闭起来使人怀疑你浅薄，也胜于一开口就使人证实你的浅薄。"这是一句值得每个人牢记的名言。

滔滔不绝，出口成章，是一种水平，而善于概括、辞约旨丰、一语中的，同样是一种水平，而且更为难得。

4. 口无遮拦，往往难成大事

"言必契理，言可承领，言则信用。"语言是传达感情的工具，也是沟通思想的桥梁。"一句话能把人说跳，一句话也能把人说笑"。有的人善于用语言来表达情意，一席话就能使人心情舒畅；有的人则不善于以语言来表达，一讲话就产生误解。要想在人际交往中应对自如，就应该懂得说话的艺术。肆无忌惮、口无遮拦，往往难成大事。

　　从前，有一个爱说实话的人，经常口无遮拦，什么事情他都照实说，所以，不管他到哪儿，总是被人赶走。这样，他变得一贫如洗，无处栖身。

　　最后，他来到一座福利院，指望着能被收容进去。福利院院长见过他问明了原因以后，认为应该尊重那些热爱真理、说实话的人。于是，院长把他留在福利院里，他在这安顿了下来。福利院里有几头牲口已经不中用了，福利院长想把它们卖掉，可是他不敢派手下的人到集市去，怕他们把卖牲口的钱私藏腰包。于是，他就叫这个人把两头驴和一头骡子牵到集市上去卖。

　　这个人在买主面前只讲实话："尾巴断了的这头驴很懒，喜欢躺在稀泥里。有一次，长工们想把它从泥里拽起来，一用劲，拽断了尾巴；这头秃驴特别倔，一步路也不想走，他们就抽它，因为抽得太多，毛都秃了；这头骡子呢，是又老又瘸，如果干得了活儿，福利院长干吗要把它们卖掉啊？"

　　结果买主们听了这些话就走了。这些话在集市上一传开，谁也不来买这些牲口了。于是，这人到晚上又把它们赶回了福利院。

福利院长对这人发着火："朋友，那些把你赶走的人是对的。不应该留你这样的人！我虽然喜欢实话，可是，我不喜欢那些跟我的腰包作对的实话！所以，老兄，你爱上哪儿就上就上哪儿去吧！"就这样，这人又被赶出了福利院。

许多人有一个共同的毛病：肚子里搁不住心事，把自己的喜怒哀乐挂在嘴边；更有甚者，不分时间、对象、场合，见什么人都把心事往外掏。心事不要随便说出来，当别人看透你的时候，你的脆弱就会暴露在别人面前。任何人若能在保守秘密这个问题上处理得当，就不会因泄露秘密而把事情复杂化。

其实好的东西与人分享，坏的东西当然也不能让它郁积于心。要说可以，但不能"随便"说，因为你所面对的每个倾诉对象都是不一样的。说心里话的时候一定要有"心机"，该说则说，不该说千万别说。

吐露心事要慎重，虽然有的人会欣赏你"人性"的一面，但有的人却会因此看不起你。最糟糕的是脆弱面会成为你的软肋，成为被攻击的弱点。

所以聪明的人在交谈时，会把局势扭转到对自己有利的一方。说说无关紧要的趣事话题，多听别人讲话，少说，不但可以引导对方多说，还可以避免因话多不慎透露的内心秘密。常点头，这并不是要你做个没有主见的应声虫，而是避免成为别人眼里不合群的人。也就是说，听别人说话时，多点头，表示你的专注与附和，如果有不同意见，也要先点头再提意见，然后顺着对方的思路说出自己的观点。对于无关紧要的事，不必过于坚持己见，多点头就可以了。

不把自己的秘密全盘告诉对方是处世的方式，不要亲手为自己埋下一颗"炸弹"。切记，在任何情况下，千万不要口无遮拦，由着自己的性子把自己的老底全部亮出来。

5. 话要说到点子上

"花钱要花在刀刃上，敲鼓要敲到点儿上"，话说在点子上对方自然会欣然接受。

古人云："山不在高，有仙则名；水不在深，有龙则灵。"说话也是如此，话不在多，点到就行。在生活节奏紧张快速的现代社会中，没有人愿意花费大量的时间去听你的长篇大论。这就要求与人对话要做到言简意赅，一针见血。

《三国演义》中有一段"白门楼斩吕布"的故事。吕布被曹操所擒，曹操考虑到吕布本领高强，有心饶他不死，留下为己所用。为此，他征求刘备的意见。刘备担心吕布归顺曹操后，不利于日后自己称雄天下，希望曹操处死吕布。这时，刘备本可以列举吕布的很多劣迹恶行，但他仅选择了吕布心狠手辣、恩将仇报、亲手杀死义父的典型事例来说服曹操。刘备只说了句："公不见丁建阳、董卓之事乎？"一句话提醒曹操，吕布反复无常，很难成为心腹，弄不好就成为吕布的刀下鬼。于是，曹操下决心，立斩吕布。

吕布曾有恩于刘备，吕布被斩之前，也曾提醒刘备："君不记辕门射戟之事乎。"然而刘备却不予理会，只用一句提示性的话，就坚定了曹操的决心，立刻就要了吕布的性命。

话要说到点子上才能起到关键性的作用。所以话并不是说得越多才越有说服力，要抓住话题的重点，才能事半功倍。因此在人际交往中想要立于不败之地，就要有个好口才，这就像我们辩论一样，抓不住对方的要害，永远无法把对方击败。

汉武帝好巡游，一次在病后到甘泉视察，发现甘泉官道坎坷难行，事先未及整治，不禁恼怒从心而起："难道义纵觉得我必定驾崩鼎湖，连甘泉也来不了了吗？"这件事本是义纵的疏忽，但情急之中义纵竟难以置辩。不久，汉武帝就找借口杀了义纵。

汉武帝好骑马游猎，一次大病之后，猛然发现宫中御马竟比以前瘦了许多。他喝令叫来管马的上官桀，骂道："你是不是以为我该病死，连御马也看不到了？"说罢便要治罪。

上官桀非常机智，急忙申辩说："臣万死不辞，唯知陛下圣体欠安，臣日夜忧虑，无心喂马。臣确实已失职，愿杀愿罚。请陛下降罪，只要陛下圣体健康，臣死而无憾！"言未毕，已泣不成声。

没有养好马与没有修好官道一样，都是没有尽到职责，但是上官桀却很高明地将失职说成尽忠的表现。言语之间，使汉武帝觉得他极为忠诚。结果，上官桀不仅没有被杀头，反而受到重用，累官至骑都尉。

可见说话时能够说中要害最关键。在危急时刻不仅能扭转形势，还能保住自己的性命。

美国加利福尼亚州的商业大亨乔治，资产逾10亿美元。某年他与商业伙伴戴维从加州飞往中国某大城市，准备投资建厂，寻找合作伙伴。三天后，乔治坐到了谈判桌前，谈判对象是我国某大型企业的领导。这位领导精明能干，通晓市场行情，令乔治颇为欣赏。听了这位领导对合资企业的宏伟设想后，乔治似乎已看到了合资企业的光辉前景。正准备签约时，忽听这位领导又颇为自豪地侃侃而谈道："我们企业拥有2000多名职工，去年共创利润700多万元，实力绝对雄厚……"

听到这儿，乔治暗暗地掐指一算：700万元人民币折成美元是90余万，2000多人一年才赚这么点儿钱？而且，这位领导居然还十分自豪和满意。这令乔治非常失望，离自己预期的利润目标差距太大了！如果让这位领导经营的话，是很难有较高的经济效益的。于是决定立即终止合作谈判。

试想一下，如果那位领导不说最后那句沾沾自喜的话，结果也许会是另一番景象。那位领导最后那些不着边际、更是画蛇添足的话，不仅暴露出他自身的弱点，更令外商失去了合作的信心。

我国社会经济的发展，需要越来越多的优秀人才具备适应市场变化的交际能力。因此，未来的发展对人才有一个共同的要求就是要善于沟通。"能言善辩"的语言表达能力是增强竞争能力的重要工具。各个领域、各个阶层人士的交往越来越频繁，语言交际的地位越来越重要。语言交流作为社会交际中最基本最便捷的沟通方式日益受到重视。这是谁也回避不了的事实。"从某种程度上来说，它比写更快捷、更能满足人们迫切需要。"因此，我们要有出色的语言组织能力，善于总结自己的观点，凡事语中要害，在开口之前，先让舌头在嘴里转个圈，删除多余的废话，一开口就往点子上说，才能在激烈的社会竞争中处于不败之地。

6. 滔滔不绝并非真正的口才

说话是一种交流和沟通，是人们相互交流、交往的需要，但要针对实情，服从需要，做到心里有谱、思考成熟、权衡利弊以后再说。

不当的言辞有时是苍白无力的，它很少能说服他人改变立场，虽然上帝给了我们两只手一张嘴，但人们还是喜欢用嘴说，可是逞口舌之利是毫无意义的，不但不能改变别人的立场，反而会把自己逼上绝路。

很多时候，我们总能看到一些高谈阔论的人，他们总是炫耀自己的才能多么出众，如果能按他们说的计划行事，必然能成就一番大事。这些人滔滔不绝，在自己空想的领域里如痴如醉。然而，在旁人看来，那是多么的可笑和愚蠢。

　　罗马执政官马西努斯围攻希腊城镇帕伽米斯的时候，由于城高墙厚，士兵死伤惨重却仍然未能攻占这座城镇。最后，马西努斯发现城门是最薄弱的环节，于是打算集中兵力猛攻城门，但要攻打城门就必须要用到撞墙槌，当时军中并没有这种器械。马西努斯想起几天前他曾在雅典船坞里看过两支沉甸甸的船槌，就马上下令把其中较长的一支立刻送来。

　　然而，传令兵去了多时，槌杆仍未送达。原来是军械师与传令兵发生了争执。军械师认为短的那根槌杆才能真正发挥作用，不但攻城效果比长的那根要好，而且运送起来也方便，他甚至花了不少时间画了一幅又一幅图来证明自己的专业，而传令兵则坚持执行命令，既然上司要长的槌杆，他的任务就是把长槌杆送到上司面前。

　　面对军械师喋喋不休的说辞，传令兵不得不警告他，领袖的命令是不容争辩的。他们了解领袖的脾气，军械师终于被说服了，他选择了服从命令。在士兵离开以后，军械师越想越觉得自己的想法是正确的，他觉得服从一道将导致失败的命令是毫无意义的，于是，他竟然违抗命令送去了较短的船槌。他甚至幻想着这根短槌杆在战场上发挥功效，使领袖取得胜利后要赏赐他许多战利品以赞扬他的高明。

马西努斯见送来的是那根短的桅杆很生气，马上召来传令兵，要他对情况做出合理的解释。传令兵忙向他汇报说，军械师如何费时费力地与他争辩，后来还承诺要送来较长的桅杆。马西努斯对这名军械师的自以为是深感震怒，于是，他下令，马上把这名军械师带到他面前来。又过了几天军械师才到达，他没有察觉到领袖的震怒，反而为能够亲自向领袖阐述自己的正确理论而洋洋得意。他仍然以专家自居，滔滔不绝地说了许多专业术语，并表示在这些事务上专家的意见才是明智的。马西努斯见军械师完全没意识到自己的问题，十分生气，立刻叫人剥光他的衣服，用棍子活活地将他打死。

这名军械师可能死后也不会搞懂自己错在什么地方，他设计了一辈子的桅杆和柱子，还被推崇为这方面最好的技师，凭他的经验，他认为自己是对的，因为较短的撞墙槌速度快、力道强，更适合攻城。他永远也没办法想通，他费尽口舌向统帅解释了大半天，为什么统帅仍然坚持认为他无知呢？

在现实生活中随处可见像军械师这样的好辩者。他们不了解言辞从来都不是中立的，或多或少总带点偏向性。有些人是天生的辩论狂，太过于争强好胜了，不管该不该说，也不考虑后果如何，只要想说就说。这种人会被形容成是"漏斗嘴"。

老李的儿子在今年的高考中取得了640分的好成绩，报考了清华大学。老李十分高兴，就把这个喜讯在办公室里公布出来，没想到老张抢先接过话头说："640分，也就一般吧。听说今年清华大学的分数线够高的，你们家儿子报清华可够呛！"老李听到老张的话，脸色一下子就由晴转阴了。正在这个十分尴尬的时候，办公室的小黄说："今年能考640分，真了不起！我有个朋友，他孩子今年也高考，才考了560多分。您儿子真棒！等上了清华，我们都去您家贺喜！"紧接着，办公室的同事你一言我一语地说了起来，老李被这种真诚的祝贺声包围着，沉浸在喜悦之中。

而老张则被众人冷落在一旁，插不上话。

滔滔不绝并非真正好口才的表现，有时，话太多反而会把事情做得更糟。在适当时候闭上嘴，做好自己的事，或许反而会更好。

7.　有时，装聋作哑胜过滔滔不绝

一个人是多说话好呢，还是沉默好？

常言道："话是银，沉默是金"，人之言语即是行为的影子，我们常因言多而伤人。俗话说得好："言语伤人，胜于刀枪；刀伤易愈，舌伤难痊。"

一个冷静的倾听者，更易受人欢迎，而一个喋喋不休者，像一只漏水的船，每一个乘客都希望赶快逃离它。多说招怨，瞎说惹祸，可谓言多必失。

有人说言语是一种廉价的东西，一个说话极随便的人，一定没有责任心。话多不如话少，话少不如话好，多言不如多知。即使千言万语，也不及一件实事留下的印象那么深刻。多言反而虚浮，因为口头慷慨的人，行动或许吝啬。有道德的人，决不泛言；有信义者，必不多言；有才谋者，不必多言。多言取厌，虚言取薄，轻言取侮。保持适当的缄默，胜过滔滔不绝。

古时候，有个农民牵着一匹马到外地去，中午走到一家小酒店去用餐，这时一个商人骑着一匹马过来，也将马往同样一棵树上拴。农民见了忙说："请不要把你的马拴在这棵树上，我的马还没有驯服，它会踢死你的马的。"但那商人不听，拴上马后也进了小酒店。

一会儿，他们听到马可怕的嘶叫声，两人急忙跑出来一看，商人的马已被踢死了。商人拽住农民就去见县官，要农民赔马。县官向农民提出了许多问题，可是农民装作没听见似的，一字不答。

县官转而对商人说："他是个哑巴，叫我怎么判？"商人惊奇地说："我刚才见到他的时候，他还说话呢。"县官接着问商人："他刚才说了什么？"商人把刚才拴马时农民对他说的话重复了一遍，县官听后将惊堂木一拍，说："这样看来是你无理了，因为他事先曾警告过你。因此，现在他是不应该赔偿你的马。"

这时农民也开了口，他告诉县官，之所以不回答问话，是想让商人自己把事情的所有经过讲清楚，这样，不是更容易弄清楚谁是谁非吗？

沉默会产生更完美的和谐，更强烈的效果，就好像音符与休止符一样重要。这其实也是一种很高明的应对术。因此，在日常交际中，遇到自身难以说清是非的问题时，不妨也像这位农民一样略施计谋，以无言应喧哗。

对于无理的要求或挑衅性的问题，既可采取以主动出击的"攻"势，也可采取以防卫为主的"守"势。对于合情合理但目前还无法做到的要求，可以"拒此应彼"。即在拒绝对方这个要求的同时，为了补偿对方，减少对方的遗憾和失望，真诚地为对方着想，为其提供一些意见，或如实告诉对方，经过努力，等一切条件都具备了，问题自然就会迎刃而解。事情若是可以通过努力达成，那你的拒绝会变成对方进步的动力。但若事情受许多客观条件的限制，非个人努力所能改变的，那也应该给对方希望和鼓励，使对方体会到努力的意义和生活的美好，发现你那乐于助人的"侠义心肠"，认识到这份情义仍然是可贵的。

在人际交往中，无把握的话不要说，言不由衷的话不要说，伤人的话不要说，无中生有的话不要说，恶言恶语不要说，伤情感的话不要说，造谣的话不要说，粗言秽语也不要说。

若是非说不可，你所说的内容、用意、措辞、声音、姿势，以及什么场合应该说什么、怎样说，都应该加以研究。无论是探讨学问、接洽生意、交际应酬、娱乐消遣，我们说话一定要有重心，要具体、生动，即便不一定能达到这个境界，但我们只要朝这个目标努力，是会有发展、有收获的。

必须知道，你的话被重视，秘诀是要一语中的。说话恰当，能使你说出的话更精彩、更动人。

做一个好听众，是待人处世当中一项重要的条件。因为能静坐聆听别人意见的人，必定善于思考，为人谦虚。这种人在人群之中也许不大受人注意，但最后总会受人尊敬，因为虚心，所以为众人所喜欢；因为善于思维，所以被众人所信任。

第二章
适度赞美、
正面表达更温暖人心

　　人人都渴望掌声与赞美，哪怕只有一句简单的赞语，都会给人带来无比的温暖和振奋。赞美是欣赏，是感谢，是永不凋谢的花，给人的喜悦是无可比拟的。赞美能使百年冤仇顷刻顿消；赞美能为古板的面孔增添笑容；赞美能使爱情更滋润，家庭更和睦，同事关系更融洽，友谊更深厚。

1. 赞美是永不凋谢的鲜花

在每个人的心中，都喜欢听顺耳的赞美话，虽然处在极小的天地里，仍然认为自己是小天地里的重要人物，希望自己的真正价值被认可，尤其是希望得到朋友的认可。人们对肉麻的奉承、巴结会感到恶心，然而却渴望他人发自内心的赞扬。鉴于此，我们不妨遵守"黄金原则"——发自内心的称赞，满足人性的渴望。

赞美是欣赏，是感谢，是永不凋谢的花，给人的喜悦是无可比拟的。一副冷漠的面孔和一张缺乏热情的嘴是最使人失望的。赞美的效果是非常神奇的，表现在以下几个方面：

（1）缓和矛盾

有人的地方就会有矛盾产生，不论是同事、邻里还是朋友，甚至夫妻也不例外。一旦有了纷争，即使认为自己一方在理，也要避免过分的数落、指责。这个时候，最好的方式是使用调侃、幽默的言语，浇灭对方的怒火，缓和矛盾。

有一对夫妇，妻子的虚荣心比较重，一次，他们受邀出席友人婚礼，妻子缠着丈夫要买一种昂贵的花帽，可正值家里闹经济危机，丈夫自然不肯答应花这笔钱。争吵中，妻子赌气地说："人家小方和小刘的爱人多大方，早就给自己的夫人买了这种花帽，哪像你，小气鬼！"丈夫不愿争论，故意夸张地说："可是，她们两个有你这样漂亮吗？我敢说，她们若有你这样美，根本就不用买帽子打扮了，对吧？"妻子一听丈夫的赞语，转怒为笑，一场争吵也随之平息了。

（2）催人奋进

人得到赞美，心情固然喜悦，而赞美所产生的力量也是巨大的，它能激发人的积极性和创造性，为人们克服困难增添勇气，甚至帮助人们创造奇迹。

有甲乙两个猎人，各猎得两只野兔。甲的女人看见野兔冷冷地说："只打到了两只吗？"甲猎人心中不悦：你以为很容易打到吗？他心里如此埋怨着。第二天他故意空手回家，让她知道打猎是不容易的事情。乙猎人所遇则恰好相反。他的女人看见他带回了两只野兔，就欢天喜地地说："你竟打了两只吗？"乙听了心中喜悦：两只算得什么！第二天，他打回了四只。这是赞美的魅力。

（3）给人信心

多年前在伦敦，一个孩子在一家布店当店员，早上5点钟他就要起床，打扫全店，每天干十几个小时工作，他简直是苦工、奴隶。两年后，男孩再也不愿忍受了，一天早晨起床后，男孩不吃早餐，跑了13里路，去找他在别人家里当管家的妈妈商量。他一边哭泣，一边发狂地向妈妈请求，希望不再做那份工作了，并发誓，如果再留在那店里，他就要自杀。而后，他又给老校长写了一封悲伤的信，说他心已破碎，不愿再活。他的老校长看信后，诚恳地对他讲："你实在是很聪明，应该去做更好的工作。"并给了他一个教员的位置。这个决定改变了那个孩子的未来。他就是著名的英国作家韦尔斯。

（4）遂己心愿

有一位美国的老妇人向史蒂夫·哈维卖保险。她带来了一份全年的哈维主编的杂志《希尔的黄金定律》，滔滔不绝地向他谈她读杂志的感受，赞誉他所从事的工作，是世界上最美好的工作。她迷人的话语将主编迷惑了75分钟，直到访问的最后5分钟，才巧妙地介绍自己所推销的保险。就这样，老妇人成交了预期销售的5倍金额的保险业务。

（5）摆脱纠缠

有一位白领女性，相貌出众，在某家公司负责产品销售策划。一次下班后，公司经理主动邀请她："小姐，晚上陪我吃夜宵好吗？"她不得不按时赴约。见面后，经理喜出望外。两人边吃边谈，女子滔滔不绝地向他介绍公司的销售策划，并不时赞美经理，称他是一位有修养、有气质、讲信用、受人尊敬的现代企业家。经理颇为得意，约会以两人共舞一曲而结束。临别时经理握住女子的手，郑重地说："你是个自尊自爱的女子！我心里会永远记得你这完美的女孩形象。"

仔细观察，我们会发现，周围的人或多或少都在说着赞美别人的话，只不过每个人的赞美方式各不相同而已。赞美主要有以下4种方式：

（1）直接式赞美

赞美他人最常见的方式就是直接赞美。特别是上级对下级、老师对学生、长辈对晚辈。其特点是及时、直接。

爱因斯坦平日酷爱音乐，喜欢弹钢琴，擅长拉小提琴。有一年，他应邀对比利时访问，比利时国王和王后都是他的朋友，王后也是一个音乐迷，会拉小提琴。他和王后在一起合奏弦乐四重奏，合作得非常成功。爱因斯坦对王后说："您拉得太好了！说真的，您完全可以不要王后这个职业。"听了爱因斯坦的赞美，王后为此很是兴奋了一阵。

（2）间接式赞美

在日常生活中，如果我们想赞美一个人，不便对他当面说出或没有机会向他说出时，可以在他的朋友或同事面前，适时地赞美他一番。这样收到的效果会更好。

美国南北战争开始时，北方联军连吃败仗。后来林肯大胆启用了一位将军——格兰特。他出身平民，衣着丑陋，言语粗俗、行为莽撞，有人还说他是个酒鬼。林肯心里明白，所有对他的传言都是夸大之辞……后来，竟然有人要求林肯撤掉格兰特的军职，其理由是说他喝酒太多。林肯则不以为然，他赞扬格兰特说："格兰特总是打胜仗，要是我知道他喝的是哪种酒，我一定要把那种酒送给别的将军喝。"格兰特没有辜负林肯的信任，为结束南北战争立下了赫赫战功，这证明他的确是一位能力卓越的将军。后来，他更成为美国第18任总统。

（3）意外式赞美

出乎意料的赞美，会令人感到惊喜。如，丈夫工作一天后回家，见妻子已摆好了饭菜，称赞妻子几句；老师见学生把教室打扫得干干净净，夸奖一番。这些是当事人本应做的分内的事，却意外收获了赞美，心情会是无比愉悦的。

有时，赞美的内容出乎对方意料，也会引起对方的好感。

卡耐基在《人性的弱点》中写了一个他曾经历过的故事：一天，他去邮局寄挂号信，办事员服务质量很差，很不耐烦。当卡耐基把信件递给她称重时，他说："真希望我也有你这样美丽的头发。"闻听此言，办事员惊讶地看看卡耐基，脸上马上也露出了微笑，服务态度变得热情多了。

（4）激情式赞美

人都有一种被人肯定、被人赞美的强烈愿望。恋人之间的赞美既是爱情的催熟剂，又是缓和矛盾的润滑剂，还是保持感情的稳定剂。正如拿破仑所说："从来没有哪个女人像你这样受到我如此忠贞、如此火热、如此情意缠绵的爱！"对他的女神，拿破仑总是不吝啬赞美。

情人眼里出西施，在拿破仑眼中，他的妻子约瑟芬是天下最有魅力的女人，他用尽了一切华美的、无与伦比的词语去赞美她。拿破仑在行军中给约瑟芬写信说："我从没想到过任何别的女人，在我看来，她们都没有风度，不美，不机敏！你，只有你能够吸引我，你占据了我整个心灵。"他有一次甚至在约瑟芬耳边以哀求的语气说："啊！我祈求你，让我看看你的缺点。请不要那么漂亮、那么优雅、那么温柔和那么善良吧，尤其是再不要哭泣；你的泪水卷走了我的理智，点燃了我的血液。"

赞美，是温暖；赞美，是文明；赞美是一枝永不凋谢的鲜花!

2. 赞美别人是处世的法宝

根据马斯洛的需求金字塔，人除了基本的生存需求外，还需要更高层次的需求——精神需要，精神食粮能带来身心愉悦，而赞美便是精神食粮之一。凤凰卫视的董事局主席刘长乐有一个习惯，坚持了很多年，那就是无论多忙，他每天都会对他的员工讲三句赞美的话。他认为这个习惯大大激励了凤凰卫视职工的士气，对企业的发展帮助非常大。

赞美的话人人爱听。美国著名作家、幽默大师马克·吐温曾说过："一句赞美的话能当我十天的口粮。"美国第16任总统林肯也曾经说："人人都需要赞美，你我都不例外。"美国"化妆品皇后"玫琳·凯有一次谈成功之道，她说她最大的长处在于善于用赞美来激励员工。人在潜意识里，都渴望别人的赞美。由此及彼，别人也渴望我们的赞美。所以，赞美别人是处世的法宝之一。

一位小学一年级的语文教师向学生提了一个问题："如果我们遇到一个非常可爱的小朋友，那么，我们该用什么样的话语表达对他的喜爱呢？"有很多学生都高高地举起手。迫不及待地想回答问题。教师环顾教室看到一个小女孩举了举手又放了下去，教师就走到小女孩的座位旁，叫她来回答这个问题，小女孩慌张地站起来，"哐当"一声，凳子摔倒了，小女孩紧张地握着小手，身体僵硬地站着，一时说不出话来，只好低着头。老师微笑了一下，把小女孩的凳子扶起来，温柔地说："我从你的动作和神态中明白了，见到可爱的小朋友你会很紧张、很害羞，是不是？回答得很形象，老师很喜欢你的答案。"小女孩抬起头看着老师温柔的笑容，心里甜丝丝的，刚才的紧张一扫而光。此后，在语文课堂上，小女孩总是积极地回答问题，再也没有了之前的紧张感。

再后来，小女孩喜欢上了语文课，她成绩优异，考上了知名院校的中文系。毕业后，小女孩毫不犹豫地选择了做一名语文教师。她说："我做出这样的选择都是缘于小时候语文老师的一次赞美。"

一句诚意的赞美，能使人如沐春风，瞬间改变人的心境，让人的态度从消极冷淡变得愉悦热情。对他人由衷的赞美不仅是对他人有价值的肯定，同时也会使其产生一种成就感，激发其自信和勇气。

有一次，欧阳修和朋友外出游玩。听到一位青年公子在作诗："远看一枯树，两个干枝丫"。他的朋友听到后禁不住笑起来，这哪里称得上诗啊，简直不可救药，既无文采又无内涵。欧阳修不仅没有嘲笑，反而微笑着说："好诗，好诗！如能加上两句，也许会更好。"青年问："加哪两句？"欧阳修说："春来苔是叶，冬至雪作花。"青年听罢连连叫好。受到欧阳修的赞美后，这位青年发愤读书，研习诗作，终有所成。欧阳修的赞美与续诗不仅让诗境枯木逢春，还激励了青年，影响其一生。

赞美能让失败者重新燃起希望的火把，让犹豫者更加坚定自己前进的步伐，让自卑者忘却失意，重拾自信。可见赞美的力量之大！

美国"钢铁大王"卡内基曾经开出100万美元的超高年薪聘请一位执行长夏布。当时，许多记者问卡内基原因，卡内基说："他那一张会赞美别人的嘴值得我为之付出这样的薪水。"人际关系学家卡耐基认为："喜欢被人认可，感觉自己很重要，是人不同于其他低级动物的主要特性。"正是因为有这种需求，人们才会不断表现自我，超越别人，追求完美，以期得到更多的赞美。莎士比亚说："赞美是照在人心灵上的阳光。没有阳光，我们就不能生长。"可见，赞美就像阳光一样温暖着我们的灵魂，如果生活中没有了赞美，我们的生活就没有了养料。就无法正常生长。

在生活中，我们每个人都会期待他人的赞美，因为每个人内心都希望自己所付出的努力被别人看到，自己所取得的成绩被别人肯定。赞美是对自我价值的肯定，是精神的奖杯。赞美的话能给人自信，让人精力充沛，进而获得内心的满足。无论是懵懵懂懂的孩子，还是白发苍苍的老翁，都有想被人肯定，想被人赞美的需求。赞美的力量是巨大的，父母得到儿女的赞美，就会更加慈爱有加；儿女得到父母的赞美，就会更听话孝顺；上级得到下级的赞美，就会更亲切和蔼；下级得到上级的赞美，就会更加努力工作。请记住，你身边的每一个人都需要赞美，都在期待赞美，都很在乎你的赞美。

3. 赞美人也要讲究技巧

赞美是一门学问，奥妙无穷。"赞美"的实质是能抓住赞美的人或事件的本质。许多人常犯的错误是见了什么都说好，信马由缰、不懂装懂，本来的赞美之言，听起来反倒像讽刺。赞美不适度，反而会适得其反。因此，赞美别人也要掌握技巧和方法。

（1）合乎时宜，适可而止

赞美的效果在于相机行事、适可而止，用一句古人的话来形容便是："美酒饮到微醉后，好花看到半开时。"

当别人计划做一件有意义的事时，最初的赞扬能激励他下决心做出成绩，中间的赞扬有益于对方再接再厉，事成之后的赞扬则可以肯定对方的成绩，为对方指出进一步的努力方向。

（2）情真意切，有理有据

虽然人都喜欢听赞美的话，但并非任何赞美都能使对方高兴。若无根无据、虚情假意地赞美别人，对方不仅会感到莫名其妙，更会觉得你油嘴滑舌、诡诈虚伪。能引起对方好感的只能是那些基于事实、发自内心的赞美。例如，当你见到一位其貌不扬的女士，却偏要对她说："你真是美极了。"对方肯定认为你所说的是虚伪之极的违心之言，或是为了讽刺她。但如果你着眼于她的服饰、谈吐、举止，发现她这些方面的出众之处并真诚地赞美她，她一定会高兴地接受。

真诚的赞美不但会使被赞美者产生心理上的愉悦，还有助于你善于发现别人的优点，并对人生持乐观、积极的态度。

（3）翔实具体，深入细致

在日常生活中，有显赫功绩的人毕竟是少数，大多数人都只不过是普通劳动者，因此，与人交往时应从具体的日常事件入手，从细节中发现对方哪怕是最微小的长处，并不失时机地予以赞美。赞美用语越翔实具体，说明你对对方越了解，对对方的长处和成绩越看重。让对方感到你的真挚、亲切和可信，你们之间的距离就会越来越近。如果你只是含糊其词地赞美对方，说一些"你工作得非常出色"或者"你是一位卓越的领导"等空泛飘浮的话语，只会引起对方的猜疑，甚至产生不必要的误解和信任危机。

（4）审时度势，因人制宜

人的素质有高低之分，年龄有长幼之别，所以赞美应该因人而异，突出区别。抓住特点的赞美比一般化的赞美能收到更好的效果。老年人总希望别人不忘记他当年的业绩与雄风，所以同他们交谈时，可多称赞其引以为自豪的过去；对年轻人不妨语气稍为夸张地赞扬其创造才能和开拓精神；对于经商的人，可称赞其头脑灵活，生财有道；对于领导干部，可称赞其恪尽职守、廉洁清正；对于知识分子，可称赞其知识渊博、宁静淡泊……

（5）"雪中送炭"胜过"锦上添花"

最需要赞美的不是那些早已功成名就的人，而是默默坚守岗位尽职尽责或身处逆境不言放弃的人。他们平时很难听到一声赞美的话语，一旦收到真诚的赞美，或会为之一振，负重前行。因此，最有效的赞美不是"锦上添花"，而是"雪中送炭"。

此外，赞美并不要总用一些固定的词语，见人便说"好……"有时，投以赞许的目光、做一个夸奖的手势、一个赞赏的微笑也能收到意想不到的效果。如，一个经常赞扬子女的母亲可以经营出一个完满快乐的家庭，一个经常赞扬学生的老师更有助于班级团结友爱、学生天天向上，一个经常赞扬下属的领导者更能管理出和谐向上的集体……

赞美是诚心诚意的肯定，而不是虚伪的应酬话，也不是言不由衷的阿谀之辞。赞扬是一笔必要的合理投资，只要做得恰如其分，就能得到意想不到的收获。

4. 用真诚赞美打动人心

如果你的赞美之辞能够说到对方引以为自豪的事情上面，那对于沟通来讲无异于画龙点睛了。怎样才能使赞扬打动对方的心，而不是流于形式呢？一个基本原则是：不要说些可有可无的客套敷衍话，要令你的赞扬真实可信。应让对方明白，你对他的赞赏是经过认真考虑的肺腑之言。

（1）集中精力，说话连贯

大多数时候在谈话中你一定会谈及很多事情，但你对他人的称赞应始终成为一个相对独立的话题和段落，赞赏对方的这个时刻，你越是集中注意力，心无旁骛，赞赏的效果就会越好。所以，在这一刻你不要再扯其他事情，要让这一段谈话紧紧围绕你的赞赏之辞，不要中途"跑题"，让对方对你的赞美之辞有一个"余音绕梁"的回味空间，不要话音刚落就将话题转到其他话题上，尤其是双方有分歧的事情上，弄得对方前一刻的喜悦心情顷刻消散。

（2）要与众不同

在称赞别人的时候，要明白无误地告诉对方，对方有什么特质让你印象深刻，你的赞赏越是与众不同，就会越清楚地使对方明白，你曾尽力深入地了解他并且清楚地知道他的优点。比如，对方提过的某个建议或采取过的某一行动，"对您那次的果断决定，我还记忆犹新呢。这个决定使您的利润额上升了不少吧？"不仅要赞赏，还要让对方知道为什么要赞赏他，"当时您是唯一准确预料到这一点的人。"

（3）要利用恰当的机会

不要突然没头没脑地就大放颂词。你对宾客的赞赏应该与你们眼下所谈的话题有所联系。请留意你在何时以什么事为由开始称赞对方。对方提及的一个话题、讲述的一段经历、列举的某个数据，或向你解释的一种结果，都可以成为夸赞的理由。要是没有这样的机会，你就自己"谱"一段合适的"赞赏前奏"，使对方不至于感觉这赞扬来得太突然。不妨用一句谦恭有礼的话来开头："恕我冒昧，我想告诉您……"或"我常常在想，我是不是可以说说我对您的一些看法……"这种"前奏"有两大功用，一是唤起听话者的注意力，二是使你的称赞显得更加恳切诚挚。

（4）要因人而异

即使因为相同的事由，也不应以同样的方式来称赞所有的人。不要在公众场合对大家说对任何人都适用的"赞赏万金油"，避免给大家留下"这人对谁都讲那么一套"的坏印象。

在很多人的聚会中，也千万不要搬出前不久刚称赞过其中某一位的话，再次恭维其他人。还是仔细想一想，每位宾客到底有何突出之处，因人制宜、恰到好处地赞扬不同的人。

（5）采取适宜的表达方式

你的用词，你的姿势和表情，以及你称赞他人时友善和认真的程度都至关重要。它们是显示你内心真实想法的指示器。你应直视对方的眼睛，面带笑容，注意自己的语气，讲话要响亮清晰、干脆利落，不要细声慢语、吞吞吐吐、欲语还休。小心不要用令人生厌的开头："顺便提一下，您还算不赖。"这让你的称赞听起来心不甘、情不愿，又像是应付了事。

如果合适，你甚至可以在称赞的同时握着对方的手或轻拍对方的胳膊，营造亲密无间的气氛。

（6）赞美不是铺路石，也不应打折扣

许多人在称赞他人时都易犯一个严重的错误：把赞赏打了折扣再送出。对某一突出成绩不是给予百分之百的赞赏，而是画蛇添足地加上几句令人沮丧的评论或是削弱赞赏消极转折。比如："您做的菜味道真好，哪一样都不错，就是汤汁里的黄油加多了。"这种折扣不仅破坏了你的赞扬，还有可能成为引起激烈争论的导火索。

任何赞赏的折扣，哪怕再微小，也使赞赏有了瑕疵，产生了不必要的负面影响。它破坏了赞赏的作用，使受称赞的一方原有的喜悦之情一扫而空，反而将注意力放在了"额外搭配"的评论上。

（7）不要引起对方的曲解

一男青年晚上在饭店碰到一位认识的女士，她正和一位女伴在用餐，两人刚听完歌剧，穿戴漂亮。这位男青年不觉眼前一亮，恭维了对方："噢，康斯坦泽，今晚你看上去真漂亮，很像个女人。"对方顿时生气了："我平常看上去什么样呢？像个清洁工吗？"

在一次管理层会议上，一位报告人登上台，会议主持人向略显吃惊的观众介绍："这位就是刘女士，这几年她的销售培训工作做得非常出色，也算有点儿名气了。"这末尾的一句话显然画蛇添足，让人听后不太舒心，什么叫"也算有点儿名气"呢？

一些称赞的话由于用词不当，让对方听来不像赞美，倒更像是贬低或侮辱。结果自然是事与愿违，致使双方最终不欢而散。所以在表扬或称赞他人时也请谨慎小心。

另外，给同辈的称赞不应摆出居高临下的态度，比如："小伙子，你做得很棒啊，这可是个了不起的成绩。就这样好好干！"

（8）别让对方的谦虚削弱了你赞赏的作用

一些人听到别人的称赞时会不知所措；还有些人在受到称赞时想要表明，取得优秀成绩是家常便饭，这两种人面对赞赏的反应几乎一模一样："这不算什么特别的事，这是应该的，是我的分内事。"听到对方这种回答时，你不要一声不响，此时的沉默表示你赞同对方，这就好像在说："是啊，你说得对，我为什么要表扬你呢，我收回刚才的话。"相反，你应该再次称赞对方，强调你认为这是值得赞赏的事。请简短地重复一遍对方哪些方面的成绩特别突出，以及你为什么认为其表现出众。

5. 巧妙赞美温暖人心

在当今这个被称为"人情淡漠"的社会中，赞美之词往往会显得突兀，有时会让人莫名其妙，更甚者，别人会认为你有所企图，在这时，沉住气是最重要的，因为无人能拒绝真诚的赞誉。而且，我们要记住：赞美别人，无须付费，更不能带有索求回报的心理。

　　雅特·鲍奇华和一位朋友在纽约搭出租车，下车时，朋友对司机说："谢谢，搭你的车十分舒适。"

　　这司机听了愣了愣，然后说："你带的钱不够吗？"

　　"不，司机先生，我不是在寻你开心，我很佩服你在交通混乱时还能沉住气。"

　　"是这样呀！"说完，司机便驾车离开了。

　　"你为什么会这么说？"鲍奇华不解地问。

　　"我想让纽约多点人情味，"朋友答道，"唯有这样，这城市才有救。"

　　"靠你一个人的力量怎能办得到？"

"我只是起带头作用。我相信一句小小的赞美能让那位司机整日心情愉快，如果他今天载了20位乘客，他就会对这20位乘客态度和善，而这些乘客受了司机的感染，也会对周围的人和言悦色。这样算来，我的好意可间接传达给更多人，不错吧？"

"但你怎能指望计程车司机会照你的想法做呢？""我并没有指望他，"朋友回答，"我知道这种理想的情况可遇不可求，所以我尽量多对人和气，多赞美他人，即使一天的成功率只有30%，但仍可连带影响到许多人。"

"我承认这套理论很中听，但能有几分实际效果呢？"

"就算没效果我也毫无损失呀！开口称赞那司机花不了我几秒钟，如果他无动于衷，那也无妨，明天我还可以去称赞另一个出租车司机呀！"

"我看你脑袋真有点毛病了。"

"从这就可看出你越来越冷漠了。我曾调查过邮局的员工，他们最感沮丧的除了薪水微薄外，是缺少别人对他们工作的肯定。"

"但他们的服务真的很差劲呀！"

"那是因为他们觉得没人在意他们的服务质量。我们为何不多给他们一些鼓励呢？"

他们边走边聊时途经一个建筑工地，有5个工人正在一旁吃午餐。朋友停下脚步，"这栋大楼盖得真好，你们的工作一定很危险辛苦吧？"

那群工人带着狐疑的眼光望着这位朋友。

"工程何时完工？"朋友继续问道。

"6个月后。"一个工人低应了一声。

"这么出色的成绩，你们一定很引以为荣。"

离开工地后，朋友对鲍奇华说："这些人也许会因我这一句话而更起劲地工作，这对所有的人何尝不是一件好事呢？"

"但光靠你一个人有什么用呢？"

"我常告诉自己千万不能泄气，让这个社会更有人情味原本就不是简单的事，我能影响一个算一个，能两个算两个……"

"刚才走过的女子姿色平庸，你还对她微笑？"鲍奇华插嘴问道。

"是呀！我知道，"他答道，"如果她是个老师，我想今天上她课的人一定如沐春风。"

适时地赞美别人，是送给他最好的礼物，因为你传递给对方一种美好的情感。夸奖比批评更容易被对方接受，但凡人都乐于被称道，而反感别人的评议和责备的。

林肯在这点上做得很成功，他最喜欢的格言是："不要评议人，免得被人所评议。"林肯不轻易批评别人，即使他有批评别人的充分理由。

卡耐基在"成功之路"的书中推崇过两个人：斯瓦伯和爱默

生。他们二人都善于赞许和鼓励别人。斯瓦伯在钢铁制造业方面取得成功，他说："世界上最易抹杀一个人志向的，就是他上司的批评。我向来不批评任何人，我急于称赞，迟于找错。"如果你想支配一个小孩，那么你就称他是"自立的男子汉"，在他拒绝吃早点时，你就鼓励他自己动手做一顿早饭，保准让他能吃得津津有味。

6. 赞美要不落俗套

人有千面，没有谁会喜欢千篇一律的赞扬话。有的赞美无法引起被赞美者的注意，甚至会令他们厌恶。所以，既然要赞美，就要使对方从你的赞美中感受到快乐、满足，要不落俗套，让对方感受到你真诚的心。

有一次，影星朱莉·安德鲁斯和一些政要名流去欣赏一位享有盛名的指挥家的音乐会，指挥家出色的表演赢得了阵阵掌声。在音乐会结束之后，大家来到后台，向指挥家祝贺演出成功。

大家见到指挥家时，赞美声不绝，"您的指挥真是太棒了！""这是我听到的最棒的曲子！""抓住了名曲的神

韵！"　"超水平的演出！"……大指挥家面对大家的赞美
一一答谢，但是这种话他听得太多了，脸上不由得显现出敷
衍的表情。由于疲惫，他正盘算着找一个借口离开，忽然，
他听到一个高雅温柔的声音对他说："你很帅！"

　　大指挥家以为听错了，他抬头一看，是朱莉·安德鲁
斯，指挥家说："您是在和我说话吗？"朱莉·安德鲁斯点
点头说道："您是我见到的最帅的指挥家！"大指挥家的眼
睛顿时亮了起来，精神抖擞地向朱莉道谢。

　　之后，指挥家总是自豪地到处对人说："影星朱莉·安
德鲁斯夸奖我很帅呀！"

　　自从那一次见面之后，指挥家就把朱莉当成自己的挚
友，常常邀请她观看自己的演出。

　　对于这位指挥家来说，每次演出结束，他都能听到上百句赞
美的话，所表达的意思也是大同小异，因此他对这样的赞美已经
麻木。语言没有什么特殊之处也就意味着在指挥家的眼里这些人
没有特别之处，一切交往也就流于表面的客套，就像指挥家对大
家彬彬有礼的答谢。然而，朱莉的一句"你很帅"却让指挥家眼
前一亮，别有新意的一句话一下子让朱莉的形象印在指挥家的心
中，并在之后的交往中指挥家把她当成挚友。可见，不走寻常路
的赞美能一下子说到别人的心坎里，就像一张通行证能迅速打开
沟通之门。

　　赞美就像是一件珍贵的宝物，如果我们常常见到它，把玩

它，久而久之，它就会失去宝物原有的魅力，所以运用赞美的语言要掌握一定的技巧，不落俗套。你对美女说漂亮，可能她听腻了，但你说她能干、大方、贤惠、聪明、活泼、自信，她可能反而更珍惜这样的称赞。你对老板说他很成功、很能干，可能他听烦了，但如果说他很有爱心、孝敬父母、疼老婆、负责任、有品位，他或许会很高兴。所以赞美别人要学会不走寻常路、不落俗套。

日本顶尖业务员齐藤竹之助说："想轻易地发现每个人身上最普遍的弱点，是很简单的事情，因为只要你观察他们最爱谈的话题便可以知道。因为言为心声，心中最希望的，也就是他们嘴里谈得最多的。你就在这些地方去挠，一定能挠到痒处。"

有时我们会对他人发出赞美，如，"你是个了不起的人"，"你很勤劳"，"你是个好人"……但是内容有些空洞，听起来就像是在敷衍了事。如果我们夸赞一个人勤劳，我们可以说"你的家收拾得一尘不染"，"你家的东西摆放得真是井井有条"。这样的赞美既不会落了俗套，又能让别人体会到你赞美的用心。

出乎意料的赞美会令人惊喜，很多时候，人会因为习惯了而看不到家人、朋友的付出，能够捕捉生活中的细节并表达感恩之心，会使疏远的距离拉近，失衡的关系和谐。丈夫工作一天回到家中，见妻子摆好了饭菜，就应称赞妻子几句；老师见学生把教室打扫得干干净净，就应夸奖一番；母亲看到孩子自觉地写作业，就应称赞他态度端正……有时，赞美的内容出乎对方意料，也会引起对方的好感。

英国著名女作家阿加莎·克里斯蒂嫁给了一个小她13岁的考古学家马克斯·马温洛，当有人质疑她为什么要嫁一个比自己小的男人，而且还是考古学家，她幽默地说："对于任何女人来说，考古学家是最好的丈夫，因为妻子越老他就越爱她。"这一解释中既有克里斯蒂对丈夫的赞美，又包含了她的幽默感。实在不能不说这是一个绝妙的赞美方式。

每个人在性格、知识水平、兴趣爱好等方面都存在或多或少的差异。因此，在赞美别人时要因人而异，进行有针对性的赞美，而不是一刀切，不然赞美就只能流于表面。因此，突出个性、特点的赞美比一般的赞美能收到更好的效果。如果赞美的正好是对方引以为傲的，这样的赞美才能打动人心。比如要赞美一位农民，不妨夸他："都说行行出状元，我看你就是庄稼地里的状元啊！"农民最自豪的事情莫过于庄稼的收成好。

只要用心观察，你就会发现别人与众不同的细微之处，巧妙独特的赞美之声，就会像甘甜的蜜汁流进对方的心里，为沟通打开一扇窗。

7. 赞美的魅力无穷无尽

　　每个人均有渴望被赞美的心理，即使明明知道别人说的话是奉承话，心里也不免会沾沾自喜，这是人性的弱点。一个人在听到别人的赞美后，可能还会由此认识到自己的价值所在。因此，赞美的魅力是无穷无尽的。

　　当你发自内心称赞别人的时候，被称赞者会认为他是有价值的；当你听到他人温文尔雅的称赞时，一定会真心感谢对自己加以赞美的那个人。

　　倘若你的赞美言不由衷，被称赞者或会认定那是谄媚。赞美与谄媚的分界线究竟是什么呢？关键取决于是否具有情感。谄媚仅仅只是为了讨好他人言不由衷的称赞，这种话语是谄媚之言，没有真诚赞美的味道。如果你真情流露，并真心实意表达出来的话，自然就是真诚的赞美。

　　刘备三请孔明就是真诚赞美的典型例子。

　　当刘备屯兵新野，处境为难的时候，谋士徐庶极力向他推荐诸葛孔明，并称赞与春秋时代的管仲、战国时候的乐毅相比，孔明的才识有过之而无不及。倘若能够得到他的辅佐，天下一定能够太平。刘备对这位绝代奇才早有耳闻，但却无缘拜访。当听到徐庶的一席话之后，他欣然准备了礼物，并邀请关羽、张飞一同前行，马不停蹄地来到卧龙岗。

"汉左将军宜城亭侯领益州牧，皇叔刘备特来拜见先生。"刘备对应门的道童说道。

"皇叔，将军，我可记不得如此多的名堂。先生今天不在家，何时回来也没有交代。"道童毫不客气地回答。刘备碰了一鼻子灰，只得恨然而返。

当刘备听说孔明回家的时候，正值隆冬季节，他又准备前去卧龙岗。而当他迈出大门的时候，白雪纷飞，寒风怒吼，张飞关切地说道："派人叫他来一趟不就可以了吗？何必劳驾哥哥亲自去呢？"刘备正色说道："孔明是一位旷世奇才，怎么可以任人传唤？"

当到达卧龙岗的时候，一位少年郎正在火炉旁取暖，原来他正是孔明的弟弟——诸葛均。他说："昨天，家兄才和朋友出门远游。"刘备只好留下一封信件，并在信中表达了赞美、敬慕之情。

虽然第二次拜访又落空，但刘备毅然决定再走一趟。张飞实在感到忍无可忍，扬言要用绳子将孔明捉来，云长也认为孔明散尽礼教，刘备不必曲求。

然而，刘备却说道："孔明是一位不可多得的贤士，礼聘大贤应当精诚相感，周文王曾为姜太公拉车，更何况我们呢？"于是，三人又结伴前往卧龙岗。

这次，三人终于见到了孔明，孔明更为刘备详细地分析了天下大势。虽然孔明未出茅庐，却对未来三分天下的局势胸有成竹，刘备再次对其加以称赞，并敦请孔明相助挽救天下苍生。孔明念在刘备三顾茅庐的盛情及其真诚的赞美，慨然答应为他效命。

可以设想一下，倘若没有刘备的真诚，还能有孔明的"鞠躬尽瘁"吗？因此，不要忘记真诚地赞美别人，这既是对别人的一种肯定，也是对自己的一种肯定。

莱特兄弟小时候经历了一件难忘的事。一天晚上，他们在一棵树下玩耍，当他们抬头向上望去的时候，透过密密麻麻的树叶，一轮明月正悬挂在树梢上，两个孩子高兴得又蹦又跳。天真的他们想爬上树去摘月亮，然而，不但没有摘到月亮，反而却撕破了衣裳，摔伤了腿。

他们明智、伟大的父亲不仅没有为此指责他们，还真诚地赞扬道："你们爬上树摘月亮的想法是新奇的、伟大的、有趣的，但是，你们可曾想过，月亮如此之高，怎么可能挂在树梢上呢？我希望你们能发明一只张开神翼的大鸟，然后骑着它飞到天上摘取月亮。"兄弟二人听到父亲真心实意的赞赏与鼓励，便下定决心要设计出这种神奇的大鸟。他们潜心研究，如何能飞上天的神鸟，父亲也心甘情愿地当他们的得力助手，终于，他们成功地设计出了世界上第一架飞机。

　　试想一下，如果当初莱特兄弟的父亲没有鼓励他们积极探索，而是狠狠地揍他们一顿，相信世界历史的记录中飞机发明者的署名或许就不是莱特兄弟了。正是父亲的赞赏与鼓励，才使他们坚持不懈，研制出世界上第一架飞机。

　　真诚的赞美，犹如沙漠中的甘泉一般滋润着人的心灵。而当你赞美他人的同时，你也有了存在的价值，并获得成就感、满足感与心灵的愉悦，此时，你也会分享到一份来自他人的喜悦。

　　在人际交往中，如果你能满足他人渴求赞美的心理，那么，你或许会成为一个富有理解力与吸引力的人。

　　赞美要实事求是。真正的赞美，是要有理有据的。倘若言过其实，或者言不由衷，就会变成阿谀奉承，被赞美者也会怀疑你的真实目的。假如我们对路边的清洁工人这样赞美道："您真是一位成功的人啊！""您具有独特的高贵气质！""您是一位杰出的人！"……相信对方定会认为我们是在挖苦他，毕竟这些话语与他毫无关联。无数的事实证明，只有实事求是地赞美他人，才能抓住对方的心，赢得对方的好感。

8. 赞美应恰如其分

　　口才是一个人语言能力的反映。口才好的人，言谈风趣幽默，旁征博引，滔滔不绝，人人羡慕。具备好口才，能把所思所想表达清楚。

　　但生活中，并不是人人都有好口才，他们的赞美也往往"美"不起来，这种赞美越慷慨，越会让人感觉毫无诚意、虚伪、矫揉造作，甚至有溜须拍马的嫌疑，不能打动对方，反而使人顿生反感。

　　看看下面这个例子：

　　吴云的同学到吴云家玩。吴妈妈对人非常热情，同这些当年的"小毛头"亲切地交谈起来。他们告诉她大家都大学毕业了，工作也不错。吴妈妈眼里流露出既高兴又羡慕的神色，摇着头叹息说："你看你们，都是多好的孩子啊！一个个花言巧语的，到哪都受人喜欢。俺那个吴云，不会来事，不会说话，到现在还没找到工作呢。"

　　一句话让这些朋友笑也不是，怒也不成。老太太本来是好意，想夸奖他们一下，但用了一个"花言巧语"，意思却来了个180度的大转弯。

　　好的口才是建立在深厚的文化、学识基础之上的，别林斯基曾说："不学无术能贬低名副其实的赞美，不学无术所夸赞的，算不得是赞美。"一个人的学识能帮助其认识一件事情的意义和影响。

　　好的口才还要依赖丰富的社会阅历和实践经验。细心的人会认真地观察别人的赞美方式，仔细体析、体会别人的语言，从中获得经验。

具备了好的口才，你能巧妙地打出潜藏于心底的暗语，你的赞美成为所有声音中最甜蜜的一种，你也或将成为大受欢迎的人。

实事求是的赞美应该是恰如其分的，既准确，又具体；既不空泛，又不夸大。

张昭在一家翻译公司工作，听说外国人喜欢听他人的赞美，女士尤为突出。她们不仅渴望听到别人夸其漂亮，还渴望别人称其有气质。

一次，在与客户商谈业务的过程中，迎面走来一位肥胖的妇女，他立刻对这位妇女说道："女士，你简直太漂亮了！"令他出乎意料的是，这位妇女却狠狠地瞪了他一眼，满腹怨气地回应道："先生，你是否由于离家太久而感到空虚寂寞了？"

赞美是对被赞者的一种肯定与欣赏，但若赞美不当，就如同隔靴搔痒，不但起不到较好的作用，反而会引起对方的反感。张昭的赞美显然就有些虚伪，令女士感到十分别扭。

赞美的话语仿佛是一把双刃剑，若实事求是地赞美，则能增进人际关系；但浮夸地赞美，会使被称赞者误认为你过于虚伪或别有用心而影响正常的人际交往。

9. 赞美一定要因时而异

有些时候，或许对我们而言，赞美他人仅仅是一句较为简单的话语，一件轻而易举的事情，但对被称赞者来说，或是终生难忘的，甚至对其一生将会产生重要影响。因此，赞美应选择合适的时机，以达到最为理想的效果。

如果能在合适的时机赞美别人，你就会发现原来自己是一位了不起的魔术师，竟然能使别人的心情变得如此晴朗、如此灿烂。

有一位年轻人，由于没有较高的学历，找工作时处处碰壁，最终好不容易在一家公司找到一份上门推销的工作。然而，令他感到出乎意料的是，看似简单的推销工作却是困难重重。在上班的第一天，虽然他不厌其烦地敲开了近60户人家的大门，但绝大多数人家将其拒之门外。他不想放弃这份工作，只能自我安慰："明天或后天，我一定能将产品推销出去……"可是，现实却事与愿违，第二天、第三天……半个月过去了，他依然无所收获。

当他继续奔走了一个上午，拜访了一家又一家，却一如既往地遭受冷漠与拒绝后，他深感自己并不适合这份工作，于是便决定倘若下午再没有推销出去任何产品，便放弃此份工作。

下午，他忐忑不安地敲开一户人家的门，开门的是一位白发苍苍的老爷爷。老爷爷看到这个年轻人满脸沮丧地站在门口时，并没有像其他人那样将其拒之门外，而是热情地请他进屋，并为他倒了杯水。

虽然年轻人那天并没有卖出一件产品，但他却因老人的善待而放弃了辞职的想法。他情不自禁地向老人诉说了这些天的工作，老人并没有多劝他什么，而是对其称赞道："年轻人，虽然你没有推销出任何产品，但是你非常敬业，凭借这一点，你也会有出人头地的那一天。"

从老人家出来后，刹那间年轻人辞职的念头被抛于九霄云外，那一句简单的称赞"你非常敬业"深深鼓励着他，加之他后来的努力，这位年轻人终于打开了局面，业绩日益增加。两年以后，他凭借自己的出色表现而被晋升为市场部经理。三年之后，他离开那家公司，毅然开始创业。

正是由于老人在关键时刻赞美的话语，才使年轻人重新燃起了希望；正是由于老人对他辛勤付出的肯定，才使年轻人赢得了最终的成功。

倘若老人也和大多数人一样，将小伙子拒之门外，那么世界上或许就会少了一个优秀的推销员。由此可见，一句适时的赞美，能帮助人们从困境中重新振作，因此，当他人身处困境时，不要吝啬赞美的语言，从精神上给予对方鼓励是对对方莫大的支持。

批评别人要慎重，严于律己，勿需咄咄逼人，挑人家的刺。批评会伤害他人的自尊心，伤害他人的情感，使其灰心，激起其反抗。

爱默生说："凡我所遇见的人，都在若干地方胜过我。在那若干地方，我跟他们学。"这正应了中国的一句古语："三人行，必有吾师焉。"看一个人，要"横看成岭侧成峰"，不要只看一个方面去评价或抓住一点不放。我们会从每个人身上发现优点或值得学习的东西，并给予真诚的赞许，从而使我们的赞赏与谄媚区别开来。

在现实生活中，有许多人习惯指责或警告他人，如果能反过来称赞他人，反而会使对方更有信心，更容易发挥潜能。因此，领导若要在部属中树立威信，得到认同，就要学会适时的赞美。不仅仅只是领导应该如此，每一个人均应如此，当你看到值得赞扬的人或事情时，一定要及时地给予赞美，让它发挥最大作用。

第三章
提问抓重点，
让问题更有价值

　　说得好不如问得好，恰到好处的提问，能够贴合对方心理，赢得对方的好感。提问，在整个人际沟通中，发挥着不可替代的作用。善于提问，往往会为沟通锦上添花。所以，提问的技巧也是非常重要的。

1. 交谈中提问的技巧

人与人交谈离不开提问。精妙的提问不仅可以使你获得信息和知识，同时还可帮助你了解对方的需要和追求，从而达到人与人之间的沟通、交流和互助。但是，同样的一个问题，若用不同的语言提问，收到的效果肯定不一样。

用什么样的语言提问才能达到沟通的效果呢？

（1）注意因人而异

俗话说到什么山唱什么歌。同样，提问也应见什么人发什么问。这是因为：

①人有男女老幼之分，该由老人回答的问题，向年轻人提出就不合适，该向男性提出的问题，也不能叫女性来回答。如果对一位感叹年华已逝、老之将至的女士提出一个看似很平常的问题："您今年多大年龄？"尽管你毫无恶意，也定会惹得她恼怒不已。

②每个人都有自己独立的性格特点。有人性格外向、性情直率，对任何问题几乎都能谈笑风生、畅所欲言；有人寡言好思，情绪不外露，行事作风比较严谨；也有人不善言辞，孤僻自卑，对任何问题都很敏感，甚至有点神经质。对性格外向的人，大部

分问题都可以提，但问题不要提得不着边际，否则很容易使谈话"走题"；对寡言好思的人，提问要富有逻辑性，开门见山、简洁明了，尽量以连续性问题为主。这样可以步步深入地谈下去；对那种敏感而又不善言辞的人，要善于引导，不宜一开始就提冗长、棘手的问题，通常围绕对方喜欢的话题，由浅入深，据实发问，引导他把心里话说出来，但必须注意，决不能提出令人窘迫的问题。

③人的知识水平和所处的社会环境各有千秋。因此必须仔细观察、了解对方身份，把问题提得得体，不唐突、莽撞。如果你跑去问一名并不熟悉烹饪技术的宇航员，如何才能做出美味可口的菜，就肯定不会如愿以偿。这表明，提出的问题必须根据对方的知识水平、职业情况及社会地位等进行合理分配，该问甲的不要问乙，该问乙的不要问丙。

（2）掌握最佳时机

提问并不像逛大街、上市场那样随时都可进行，有些问题时机掌握得好，发问的效果才佳。

有两个过去很要好的朋友都刚刚走上工作岗位，一个偶然的机会他们相遇了，互相询问："你们单位待遇怎样？你工资多高？谈恋爱了吗？"显得既亲热自然，又在情理当中。但是，如果一位姑娘与一位从未见过面的小伙子去相亲，公园门口两人准时赴约了，沉默了一会儿，姑娘抬起头来问："你谈过恋爱吗？工作轻松吗？工资多少？"其结局就可想而知了。

一般来说，当对方很忙或正在处理急事时，不宜提琐碎无聊的问题；当对方正专心欣赏音乐、文娱节目或体育比赛时，不宜提与此无关的问题；当对方伤心或失意时，不宜提太复杂、太生硬、会引起对方不愉快的问题；当对方遇到困难或麻烦，需要单独冷静思考时，最好不要提任何问题。

（3）问题提得具体

那种宽泛的问题，往往叫对方摸不着头脑，因而也就不可能回答好。相反，问题具体了，反而可以引导对方的思路，找到令人满意的回答。

（4）讲究逻辑顺序

如果你要就某一专题性问题去请教别人，则必须按事情发展的规律，先从最表面、最易回答的问题问起，或者先从对方熟悉的事问起，口子开得小些，然后逐渐由小到大、由表及里，由易到难提出问题，并注意前后问题间的逻辑性。这样才有助于问题逐步深入，不至于一开口便为难卡壳。同时，也有助于自己跟上对方思路，便于从中总结出规律性的东西。

（5）保持灵活态度

发问不仅仅是口才的问题，还是一个人的思维能力问题。提出一个问题后，你要仔细聆听对方的谈话，并注意观察对方谈话中的一切细节，积极开动脑筋，去发现新的问题、新的疑点，并立即抓住，追问下去，弄个水落石出。此外，你还要注意对方回答问题的态度，一旦发现对方避开某些话题，就可以试探对方对此的反应，也可以盯住对方，持续一段时间，直到使其变得不安为止。这时，对方有可能会在无意中脱口说出你最希望得到的答案。

（6）准备多种提问方式

同一个问题，必须准备多种提问方式。提问方式一般分以下几种：

正问：开门见山，直接提出你想了解的问题。

反问：从相反的方面提出问题，令其不得不回答。

侧问：从侧面入手，通过旁敲侧击，迂回到正题上来。

设问：假设一个结论启发对方思考，诱使对方回答。

追问：循着对方的谈话，打破砂锅问到底。

应该知道，不是任何人一开始就愿意如实回答你所提出的问题，他们往往用"无可奉告""我也不大清楚"等词来推托你的问题。所以，应该准备多种提问方式。当对方坚决表示无话可说时，你就该转而用另一种方式提问，如此反复。如果对方一直拒绝回答，你可以设想一个令其为难的结论，请其指导，一旦对方开了口，你就可以步步进逼，追问到底了。

（7）措辞要得体。

为了表达明确，避免造成麻烦和误解，提问时仔细选词择句是很重要的。我们必须寻求最佳的表达方式。诸如"你有什么理由可说？"这类问题，很容易引起对方的不快，但如果换一种措辞："你对此事有何感想？"就可以使谈话继续下去。

（8）语气和语调亲切自然。

必须时刻记住：对任何人提任何问题都要努力制造一种亲切友好、轻松自然的气氛，绝对不可以用生硬的或审讯的语气和语调。否则，不但容易影响对方的情绪，还会破坏双方之间的关系，导致提问的彻底失败。

2. 营造良好的提问氛围

在正式沟通开始之前，双方所进行的就是寒暄，有的人认为这不过是最简单的程序，不过就是打个招呼，各自入座吗？其实这样简单考虑的人往往会吃亏，提问尚未开始，那将意味着整个沟通的基调都将从这里开始，气氛是缓和，还是紧张，全靠那几句寒暄话。高明的提问者往往会以简单的几句话就能奠定良好的沟通氛围，而那些缺乏经验的提问者则通常一两句话就让整个场面变得尴尬。因此在沟通正式开始之时，作为提问者要善于寒暄，积极营造和谐愉快的氛围。我们所说的寒暄，也就是打招呼，这是人与人之间建立语言交流的方法之一。通过彼此的寒暄，会让陌生的人相互认识，让不熟悉的人熟络起来，让冷冷的气氛变得活跃起来，更为双方进行深入的交谈架设桥梁，达到顺利沟通的目的。

唐朝诗人杜甫和剑南节度使严武是好朋友，两个人经常在一块儿喝酒吟诗，谈天说地。杜甫来到成都的时候，在严武的帐下做幕僚，严武帮助他建了一座草堂，把他一家都安

顿下来，使杜甫长期颠沛流离食不果腹的生活得到了很大的
改善。杜甫对严武的帮助铭记于心，发誓要报答他。但是杜
甫有一个毛病，和别人开玩笑的时候经常不注意分寸，言辞
之间带有明显的侮辱性质。有一次，他喝醉了酒，就站在严
武的床上，瞪着眼睛，用手指着严武的鼻子说："严挺之怎
么生了你这么一个儿子呀？"严武听后，感到很气愤，觉得
杜甫十分看不起他，就愤恨地走出门去，回到家里想到杜甫
平日里对他多有不敬，越想越生气，就派人准备把他杀掉。
严武的母亲听说这件事之后，赶紧把消息告诉了杜甫，又亲
自雇了一条船帮助他逃走。仓皇而逃的杜甫对醉酒后无礼的
话感到十分后悔，但是为时已晚，无礼的话不仅让自己失去
了最好的朋友，更让自己的家庭再次陷入苦难与贫穷之中。

　　"严挺之怎么生了你这么一个儿子呀？"这句话实在令人生
气。杜甫的一生是坎坷的，这和当时的社会现实固然有着很大的
关系，但从他为人处世的风格来看，他一生中的艰难困苦也是自
找的。这个故事告诉我们，无论何时，和别人的关系多么亲近，
都要在言语上谨慎一些，不能说太多出格的话。

　　沟通气氛是双方态度营造的氛围，它可以影响对方人员的
心理、情绪和感觉，可以说，沟通气氛对整个提问过程具有十分
重要的影响，其发展变化将直接影响整个沟通的结果。比如，相
对热烈、积极的合作氛围会将沟通朝着达成一致的方向推进。在
沟通一开始，假如我们能说几句妙语，灵巧提问，那就会让双方

有一种"有缘相知"的感觉，彼此都有意愿达成共识。沟通中的哪一方控制住了开局的气氛，那么，某种程度上就等于占据了主导。

东南亚某个国家的华人企业想要为日本一著名电子公司在当地做代理。会谈间，企业代表发现日方代表喝茶取茶杯的姿势十分特别。于是，他问："从您喝茶的姿势来看，您十分精通茶道，能否为我们介绍一下？"没想到，这句话正好点中日方代表的兴趣所在，于是日方代表滔滔不绝地讲起来。结果，后面的沟通进行得异常顺利，那个华人企业最终拿到了他所希望的地区代理权。

原来，营造良好的沟通氛围，可以缓解沟通中双方的紧张情绪，增进人们的感情。在良好的氛围下，人们容易获得支持与关注，而且，良好的氛围更容易使谈判达成一致。

（1）态度要诚恳

作为沟通的一方，在正式交流之初，你需要通过语言表达出诚恳的态度，表示自己很愿意达成共识，合作成功。通常只要对方感受到了你诚恳的态度，一般都会回以同样的态度，这样和谐融洽的氛围就形成了。

（2）语言尽量委婉含蓄

不管你所需要达成什么样的沟通目标，在与对方交谈时也尽量使用含蓄委婉的语言，以和为贵，力图为后面沟通能顺利进行营造良好的氛围和条件。有的人一见面就直言直语，心中的喜怒情绪暴露无遗，若是在这时说一些破坏气氛的话，那肯定会对整个沟通产生极为不利的影响。

（3）用自己的态度感染对方

在提问过程中，我们要学会重视对方，比如，是否积极地与对方有眼神接触，是否在认真地听对方说话，是否及时地回答对方的问题，给予对方反馈，是否积极地用身体语言告诉对方，你对他的话题很感兴趣……我们要让对方感到自己的重要性，满足对方的虚荣心，适时赞美对方，只有这样才能感染对方，让对方的情绪放松，从而成功营造宽松和谐的氛围。

3. 用"问题攻势"占据上风

日常沟通中的双方不会都站在同一个层面，有时候我们面对的一方，有可能经历比我们丰富，学历比我们高，我们在这样的场合会非常没有自信，总是觉得己不如人。萌生这样的想法，就会不时地在对话中透露出来，使自己处于谈话的下风，也就限制了我们的意见表达，让我们在谈话中涉及的观点和意见"站不稳"。怎么让自己在对话中处于上风？这需要掌握一个技巧——问题攻势。提前准备很多你预计对方根本回答不上的问题，连续发问，使对方难以招架，当对方面露难色的时候，你便能平复心情、恢复自信，逐步占据上风。

　　奥莉亚娜·法拉奇是意大利著名的女记者，也是当代最伟大的女性之一。她曾经采访过无数的政府要人，深入无数战火纷飞的战场进行实地采访。法拉奇称得上是真正的说话高手，在西方"法拉奇式的采访"受到许多人的崇拜。她最自豪的也是自己的高超说话术，这些成就使她荣冠"政治记者之母"的美名。

　　那么，我们要问她成功的秘诀在哪里呢？

　　就在于她善于运用机关枪一样的"问题攻势"来对付各种被采访者的诡辩，从而稳占上风。法拉奇曾经说过："我的秘诀是开门见山地打开气势，然后给对方最致命的一击。"

　　　伊朗的宗教领袖霍梅尼，谁也不敢轻易得罪这位老者。法拉奇第一次采访霍梅尼时，见面的第一句话便是："我要告诉你，先生，你是伊朗的新沙皇。"

　　　在采访这位脾气古怪的老头之前，为了尊重对方的宗教习俗，她不得不违心地穿上伊朗妇女的传统装束，身披长纱，把全身包裹得像一个密实的大粽子。

　　　但法拉奇却一直认为，藏于服饰后面的不单是保持一种古老习俗的问题，而是关系到女性的政治地位问题，她内心对这种以宗教之名而行强迫之实的做法非常不满，但为了顺利采访到这位宗教领袖，她还是穿上了这种服装。

　　　霍梅尼被这位泼辣的女记者的第一句话给击中了要害，内心恼怒不已，但法拉奇装出满不在乎的样子继续说："先生，我被人强迫穿上这身衣服来见你，你明白强迫的含义吗？请你告诉我，你为什么强迫那些妇女遮掩自己，把丰满的躯体隐藏在既不舒服也不漂亮的服装里，让妇女们无论工作或是行走都极不方便？在你的国家，妇女们和男子是平等的，她们和男子一样参加战争、受训、坐牢、工作、革命，但为何待遇却是如此不平等？"

霍梅尼是高高在上的人物，何曾让人当面责备过。而法拉奇的谈话策略又相当高明，一见面就迅速出击，从服饰深入到人权和尊严等话题。

霍梅尼被她的语言攻击逼急了，以致说话毫无章法可循，他平时傲视一切的作风不见了，取而代之的是语气有些偏激的怒气："法拉奇小姐，你必须记住这样的事实：对革命有贡献的妇人，无论过去还是现在，都是那些穿着伊斯兰服装的女人，而不是像你这般装束的怪女人，涂脂抹粉毫不遮掩地到处招摇，像只蝴蝶般，引来一大群心怀不轨的男人尾随在后。你要知道，在大街当众展现自己脸蛋和身材的女人是不会和国家并肩作战的，她们只知道安逸享乐，从来不懂得为国家分忧。她们不知自爱，用自己的身体把男人迷得神魂颠倒、心猿意马，甚至姐妹之间还为男人争风吃醋破坏情谊。"

法拉奇立刻抓住对方谈话中的"弱点"所在，对方不从正面与她讨论人权的问题，而将她的注意力引向别的论点上，因此她毫不示弱地反驳说："这不是事实。我并非单指衣服，而是指它所代表的意义，也就是妇女们被歧视的现状。革命结束以后，妇女只能再回到那顶'破帐篷'里过生活，她们不能到大学里深造，也不能到海滩上享受阳光，她们如果要游泳，也必须从另一处照不到阳光的地方下水，并且还要披上长纱，如果是你，披着一件长纱能否畅快地游泳呢？"

霍梅尼忍不住气恼地说："这不关你的事情，这是我们的风俗，如果你不喜欢伊斯兰教的服装，你没有必要穿上它，因为伊斯兰服装是替贤淑的妇女准备的。"

法拉奇马上站起来说："谢谢你的提议，既然得到你的首肯，我现在就要脱下这身可笑的、中世纪的、呆板的粗布……"

法拉奇不愧是"政治记者之母"，当她单刀直入地攻进对方的"心理弱点"时，霍梅尼已经处于下风，只能千方百计地诡辩，不但只讲衣服本身，不涉及政治问题，又乱无章法地说女性现代服装是如何没有道理，结果反被法拉奇致命一击，最后在访谈中尝到败北的滋味。

看来，机关枪一样的问题攻势在适当的时候，不仅能让你占据上风，而且还能收到良好的效果，可谓是一个很好的必胜之法。

4. 面带微笑的提问更动人

在沟通过程中的提问，并不全是板着脸孔的提问，如果一直以严肃的表情向对方提问，只会令对方心生反感，更加不把你的问题放在心上。提问，指的并不是简单地将问题用生硬的语气提出来，而是还需要配合适宜的表情和语气，这样的提问才会更加真挚动人。在沟通过程中，人们的提问有的磕磕绊绊，话不连贯；有的声音发颤，语不成句；有的词不达意，不知所云。而有的电视台主持人一拿起话筒，面对摄影机，脸上便会露出一副深情款款的表情，就好像在表演诗朗诵般。恰如其分的提问，应该是做出与语境相配合的表情、动作，发出相配合的声音，这样才能让提问更加动人，对方也才容易被这样的提问所打动。

提问，不仅仅是将问题提出来，而是需要考虑，如何才能打动对方，让对方敞开胸怀，袒露心事。提问的目的就是希望能听到对方做出的回答，如果对方拒绝回应，那我们的提问就宣告失败。

一位富商的太太想换一辆车，于是开着原来那辆破旧的老车来到一家汽车销售店。销售员们看见她衣着寻常，又开着一辆破车，因此都表现得不积极热情，销售主管程敏只得亲自上前服务。

"您好，女士，请问您需要我帮忙吗？"程敏热情地打招呼。

"不用，我只是随便看看。"那位太太回答。

程敏带着淡淡的微笑，始终跟在那位太太的身边，虽然不说话，但是却细心观察她的神情变化。当她看见太太的眼睛落在一款新车上突然亮了一下，便马上说："这是今年的最新款式，让我给您介绍一下好吗？"程敏拿出这款车的宣传资料，详细地介绍起车子的性能和优点。那位太太听着，流露出想买的神情，但是眼神间还有一丝犹豫，看来还没有最终下定决心。

"这样吧，您先填写一下客户资料，然后我再根据您的要求给您推荐其他款式的车型好吗？"

那位太太填写了资料，程敏细细地看了一下，叫过一位销售员，在他耳边吩咐了几句，这位销售员出去了，不久后，销售员抱回来一大束鲜花。

"梁太太，今天是您的生日，祝您生日快乐！"程敏递过鲜花，真诚地说。

那位太太奇怪地问："你怎么知道？"

"您填写的客户资料上有。"程敏微微一笑。

梁太太非常感动，她接过鲜花，眼睛微微湿润了，说："在这之前，我已经去过三家4S店了，也都填写了客户资料，但是你是第一个祝我生日快乐的人。谢谢！"

最终，梁太太毫不犹豫地买下了那辆新车，并且后来还介绍了不少朋友与客户来这里买车，还和程敏成了好朋友。

对此，如果我们想要有效提问，那就要把自己融入提问的语境之中，配合相应的表情和语调，这样才能让对方愿意将自己想说的说出来。

微笑是让人显得亲和、不造作的重要因素。亲和力是无障碍沟通的基础，拥有亲和力，是成功沟通的前提。

微笑是与他人共享同一个空间的能力，微笑是交往时所散发出来的让交际对象钦佩、赞赏的人格魅力，是高尚的品德，微笑是发自内心的一种感染力，是生性随和、性格淡然、保持平常心的一种表现，微笑是让人感觉亲切、舒服、自然，大家都喜欢与之交流、合作的能力；微笑是人与人相处时所表现的亲近行为的动力水平和能力。

日常的工作中，一个同事对你满面冰霜，横眉冷对，另一个同事对你面带笑容，温暖如春，他们同时向你请教一个工作上的问题，你更欢迎哪一个？当然是后者，你会毫不犹豫地对其知无不言、言无不尽，问一答十；而对前者，恐怕就恰恰相反了。

微笑是盛开在人们脸上的花朵，是一份献给渴望爱的人们的礼物。当你把这种礼物奉献给别人的时候，你就能赢得友谊，赢得财富。

一家信誉特好的大花店，以高薪聘请一位售花小姐，招聘广告张贴出去后，前来应聘的人如过江之鲫。经过几番面试，老板留下了三位女孩让她们每人经营花店一周，以便从中挑选一人。这三个女孩长得都如花一样美丽，一人曾经在花店插过花、卖过花，一人是花艺学校的应届毕业生，余下一人只是一个待业青年。

插过花的女孩一听老板要让她们以一周的实践成绩为应聘硬件，心中窃喜，毕竟插花、卖花对她来说是轻车熟路。每次一见顾客进来，她就不停地介绍各类花的象征意义以及给什么样的人送什么样的花，几乎每一个人进花店，她都能说动顾客买一束花或一篮花，一周下来，她的成绩不错。

花艺女生经营花店，她充分发挥从书本上学到的知识，从插花的艺术到插花的成本，都精心琢磨，她甚至联想到把一些断枝的花朵用牙签连接花枝，将其夹在鲜花中，以降低成本……她的知识和她的智慧为她一周的鲜花经营也带来了不错的成绩。

待业女青年经营起花店，则有点放不开手脚，然而她置身于花丛中的微笑简直就是一朵花，她的心情也如花一样美丽。一些残花她总舍不得扔掉，而是修剪之后，免费送给路过的小学生，而且每一个从她手中买去花的人，都能得到她一句甜甜的软语——"鲜花送人，余香留己。"这听起来既像女孩为自己说的，又像是为花店讲的，也像为买花人讲的，简直是一句心灵默契的心语……尽管女孩努力地珍惜着她一周的经营时间，但她的成绩比前两个女孩相差很大。

出人意料的是，老板竟然留下了那个待业女孩。人们不解——为何老板放弃能为他挣钱的女孩，而偏偏选中这个缩手缩脚的待业女孩呢？

老板如是说：用鲜花挣再多的钱也只是有限的，用如花的心情去挣钱才是无限的。花艺可以慢慢学，可如花的心情不是学来的，因为这里面包含着一个人的气质、品德以及情趣爱好、艺术修养……

对陌生人微笑，表示和蔼可亲；产生误解时微笑，表示胸怀大度；在窘迫时微笑，有助于冲淡紧张气氛和尴尬。微笑是一种健康文明的举止，一张甜蜜微笑的脸，会让人愉快和舒适，带给人们热情、快乐、温馨、和谐、理解和满足。微笑展示人的气度和乐观精神，烘托人的形象和风度之美。

为什么小小的微笑在人际交往中会有如此大的威力？原因就在于这微笑背后传达的信息："你很受欢迎，我喜欢你，你使我快乐，我很高兴见到你。"

5. 巧用悬疑式提问

著名节目主持人蔡康永说："勾引别人继续听你说话，就很像电视剧勾引观众继续看下去用的招式。"电视剧每播出一段，就要进一段广告，而且在进广告之前，画面会停止在最精彩的一刻：男主角赏女主角一记耳光，或者用已经扣动了扳机的手枪指着女主角，或者男主角被坏人打下了山崖……这些悬疑而精彩的故事情节，引发了观众的好奇心，他们都想知道后来怎么样了，好奇心促使他们继续看下去。

有这样一个故事：

小A上中学时，有一天回家竟然看见妈妈正被一个男人殴打，他仔细一看，这个男人是妈妈的上司。情急之下，小A朝那个男人扑了上去，男人被扑倒了，他的后脑狠狠地撞上了桌角，死掉了。故事讲到这里就停止了，可是不断有人问："妈妈后来怎么办呢？""小A有被发现杀了人吗？""后来怎么发展下去的？"很多人听了这个故事都会充满好奇，想知道后来怎么样了。对此，我们可以总结说："人必须知道很多事情后来是怎么发展又怎么结束的，因为这是人从原始时代开始，向同伴们学习生存之道的方法。"

每个人都有好奇心，仅仅是利用了"悬疑式"说话方式激发了大家想听下去的欲望。

李东是某家房地产公司的销售员，每天的工作就是带着不同的客户到不同的地方去看房子。刚开始的时候，李东的业绩几乎为零。后来，他开始学习提问的技巧，在不断的实践中，慢慢摸索出适合自己的方式，那就是让客户去提问。

这天，李东接待了一个新客户，是一个典型的80后，比李东小几岁。见到客户的时候，李东说："我像你这个年纪的时候，刚来北京，从车站出来的时候，我看到高楼大厦，头晕目眩，不知道怎么在北京生存下来，这时我遇到了一个朋友。"说到这里，李东停顿了一下，没再说下去了，他知道客户一定会着急知道后面的故事。

果然，客户问："后来发生什么事情了？"如预期的一样，这个故事成功地引发了客户的好奇心。李东说："后来，我在朋友那里借住了两天，在他的帮助下，找到了现在的这份工作。"客户回答说："原来如此。"似乎客户对小张的回答很是满意。

李东说："像你这样年纪轻轻就能买房的，一定是非常有才能的人，你喜欢什么样的户型呢？"接下来，李东便陪着客户挑选户型，并成功地卖出一套房子，而且还和客户成了无话不聊的好朋友。

悬疑式说话方式源自悬疑式小说，悬疑小说是一种具有神秘特性的推理文学，可以唤起人们的本能，刺激人们的好奇心。无论是悬疑式说话方式还是悬疑式小说，它们的目的都是给听者或读者留下悬念，让他们心中产生无数个问号"后来呢""主人公后来会怎么样"等，然后引领他们一步一步地揭开悬念。说话者可以对环境特定场景进行描述，引起读者的警觉，读者继而不由得为主人公的处境担忧起来，总想知道"后来怎么样了"，悬着的一颗心要待到整个事件水落石出才能落下来。

希区柯克，著名导演，其悬念电影闻名世界，其悬念电影比较注重故事的发展过程，注重渲染各种气氛，让观众以紧张的心理状态去关注主人公的个人命运，对人类的心理世界有着深刻的体悟，为电影角色的各种遭遇担惊受怕。由此可见，悬疑式说话最大的特色，就在于对环境气氛的渲染，它的目的就是让听者兴奋起来，愿意继续听你的话。

（1）巧妙设置悬念

悬疑式说话最大的特点就是设置悬念，调整叙事节奏，注重渲染说话气氛，激发听者的好奇心，记听者迫不及待地想了解后来的情况。如果你对朋友说"今天我在商场看见了刘德华"，旁边的人一定会问"后来呢？"他们想知道你有没有跑过去要签名？刘德华本人帅不帅？刘德华去商场干什么呢？

（2）如何设置悬念

当然，设置悬念的具体方式有很多种，如以环境叙述为悬念，"大年夜那天冷极了，下着雪，天快黑了，我看见一个小女孩光着脚走在街上"，这时候对方一定会问："这个小女孩是干什么的？""还下着雪，她怎么会光着脚？""大年夜，她为什么不赶快回家过年？"把人物放进这样一个典型的环境中，便紧紧地扣住了对方的心弦。以某场面或某一段情节为悬念，如，周瑜施毒计，要诸葛亮10天造好10万支箭，诸葛亮却说只用3天，还立下了军令状。诸葛亮后来成功了吗？这自然引起对方继续听下去的欲望。

（3）中途停顿

悬疑式说话的另一大特点就是渲染气氛，这就需要调整语气，适时停顿。如果你像在读课文一样讲述某件事情，对方也许会听得昏昏欲睡。所以，当你向朋友转述一件事情的时候，说了几句话或者描述了一个情节，可以先停顿一下，看你朋友不会不问你"后来呢？""然后呢？"

（4）如何练习悬疑式说话

要练习这种悬疑式说话，其实很方便。我们建议大家在叙述事情的时候，最好中途停顿，看朋友有没有追问"后来呢？"如果朋友这样追问了，那表示叙述事情的方式是吸引人的；如果你停顿了，朋友并没有追问，反而把话题转移开了，这表示你设置的悬念有偏差，这时候，提议你，找机会换种方法，把同一件事用别的顺序再讲一遍，看你朋友这次会不会问"后来呢？"

6. 选择好问话的方式

生活中的问话有三种功能：释疑、启发及打破谈话的僵局。

问话要讲究技巧。高明的问话不但能达到目的，而且被问的一方也不会感到尴尬。下面是几种常见的问话形式和方法。

（1）直接型提问

提问，需要考虑环境及时机。提问者要根据不同的环境和时间用不同的提问方式，有时需要委婉，有时需要直露。直接型提问则属后者。当我们需要对方毫不含糊地做出明确答复时，直接型提问是一种较理想的方式。一般说来，生活中常见于父母对孩子的责问，上级对下级工作的询问。如果交谈者双方关系比较密切而所提问题又不会引起不愉快的后果时，也可以采用这种方式。

直接型提问直来直去，速战速决，节省时间。但一定要注意场合和时机，否则就会事与愿违。

（2）诱导型提问

直截了当地提问，是要求直接求得答案。但也有一种情况，答者出于知识水平或因与个人利益有利害关系，不急于直答。这时你可以采用诱导型的提问方式。这种发问不是为自己答疑而问，而是为了紧紧吸引对方思考自己的论题，诱导对方接受自己的观点，故意向对方提问。它具有扣人心弦、诱敌深入、以柔制刚、扼喉抚背的效果。

这一问法还可以运用在推销上。一位心理学家调查时发现，一些人在喝可可时有放鸡蛋的习惯。因此，服务员发问时，不要问"要不要加鸡蛋"，而应当问"要一个还是要两个"。这样问，多做一个鸡蛋的生意绝对是有可能的。

（3）启示型提问

这种提问方式重在启示。要想告诉对方一个道理，但又不能直说，通过提问引起对方思考，直至明白某个道理。

　　老师批评学生，在指出对方的错误行为之后，常常接着问："你觉得这样做对吗？"就是一种启示型提问，此外还可以采用声东击西、欲擒故纵、先虚后实、借古喻今等提问方法。

　　（4）选择型提问

　　提问不同于质问，其目的不是难倒对方。在日常生活中，许多问话不只是征求对方的意见，统一对某个问题的看法。这种情形向对方问话时，我们可以用选择型。选择型提问容易形成一个友好的谈话氛围。被提问者可以根据本人的意愿，自由地选择答案。比如：炎热的夏天，你家来了客人，你想给他弄点东西解渴，但又不知道他喜欢什么，你可以这样问他："你是要茶还是咖啡，或是西瓜？"这样，客人选择他自己喜欢的东西，增添了友好的气氛。

　　（5）攻击型提问

　　发问要考虑对象，尤其是若被提问者与自己的关系并不友好或互为竞争对手，这时候提问的目的是为了直接击败对手，可以采用攻击型提问的方式。

　　里根与卡特在竞选美国总统时有一段精彩论辩。当时，里根向卡特挑战性地提出了这样的问题："每一个公民在投票前都应该好好想一想这样几个问题：你的生活是不是比四年前改善了？美国在国际上是不是比四年前更受尊重了？"里根的提问犹如一磅磅重发炮弹，极富攻击性，在美国选民中激起了巨大波涛。结果在论辩之后，民意测验表明：支持里根的人显著上升。攻击型问话的直接目的是击败对手，故而要求这种问话具有干练、明了、利己和击中要害等特点。

（6）迂回型提问

意大利知名女记者奥里亚娜·法拉奇以其对采访对象挑战性的提问和尖锐、泼辣的言辞而著称于新闻界，有人将她这种风格独特、富有进攻性的采访方式称为"海盗式"的采访。迂回曲折的提问方式，是她取胜的法宝之一。

在采访南越总理阮文绍时，她想获取他对外界评论他是"南越最腐败的人"的意见。若直接提问，阮文绍肯定会矢口否认。法拉奇将这个问题分解为两个有内在联系的小问题，曲折地达到了采访目的。她先问："您出身十分贫穷，对吗？"阮文绍听后，动情地描述小时候他家庭的艰难处境。得到关于上面问题的肯定回答后，法拉奇接着问："今天，您富裕至极，在瑞士、伦敦、巴黎和澳大利亚有银行存款和住房，对吗？"阮文绍虽然否认了，但为了洗清这一"传闻"，他不得不详细地道出他的"少许家产"。阮文绍是如人所言那般富裕、腐败，还是如他所言并不奢华，已昭然若揭，读者自然也会从他所罗列的财产"清单"中得出自己的判断。

阿里·布托是巴基斯坦总统，西方评论界认为他专横、残暴。法拉奇在采访中，不是直接问他："总统先生，据说您是个法西斯分子"，而是将这个问题转化为："总统先生，据说您是有关墨索里尼、希特勒和拿破仑的书籍的忠实读者。"从实质上讲，这个问题同"您是个法西斯分子"所包含的意思是一样的，转化了角度和说法的提问，往往会使采访对象放松警惕，说出心中真实的想法。它看上去无足轻重，但却尖锐、深刻。

（7）如果式提问

首先我们要养成习惯，用"如果"引导的问句问对方能够得到更好的结果的话，就要避免简单用"是的"来回答对方的提问。比如，你给顾客介绍一种产品，顾客问："能做成绿颜色吗？"你知道能，但是你不说"能"，你反而问："你喜欢做成绿颜色的？"顾客通常会回答说："是的。"而后你再问："如果我给你找一件绿色的，你会订购吗？"

用"如果"引导的问句把问题又还给了对方。一位代表就是用这种方法从销售经理升到销售主任的。他问总经理怎么做才能被提升为销售主任。然后他用如果式提问法，在一定的时间期限内完成所定任务，因此获得提升。

用"如果"这样的句型能产生所希望的结果，我们应养成习惯多用，而不要总以"是的"来简单回答了事。我们可以用做游戏的方式来练习，直到成为自然而然的反应。例如：当家里人请你倒杯咖啡时，你不要说"是的"，而要问"你想喝杯咖啡吗？"，他们总是会说"是的"。而后你再说"如果我给你倒咖啡，你能……"，你可以提出任何要求作为倒咖啡的条件。

（8）足够式提问

问句中用"足够"这个词非常有效，可以得到对方的同意。

例如：

"你觉得下星期一开始够快的吧？"

回答说"是的"意味着我们下星期一开始；

回答说"不是"意味着我们要现在开始，而非下星期一才开始。

"你觉得十台电脑够了吗？"

回答说"够了"意味着十台电脑能满足我们的需要了；

回答说"不够"意味着还要增加。

这仅仅是最简单的方法，只需稍稍练习就能掌握。

（9）对次要方面提问

我们如果对一个想法中的次要内容征得他人同意，那么也就得到包括对主要内容的许可。例如：

"有了新电脑系统后我们应该配备第二台打印机了吧？"同意配备第二台打印机的人一定在原则上已同意购买新电脑了。

7. 旁敲侧击的提问

一句话的韵味，就在于它让人听了以后，还能联想到很多，甚至不断咀嚼不断有新的味道出来。

这样的韵味，也就是我们常说的言外之意。所谓"言外之意"，就是"话里暗含着的没有直接说出的意思"。这样的例子在我们的生活中很常见，比如，李大华正在阳台上浇花，楼下的刘阿姨说："小李，你真爱美啊，我晒的被子也锦上添花了。"刘阿姨的言外之意是，李大华浇花把自己晾晒的被子弄脏弄湿了。

提问过于直接，会让人难堪，但是过于婉转，又得不到自己想要的答案。这个时候，如何把话说得婉转，又深含韵味，"言外之意"就不失为提问的一个好方法。

孟子这样问齐宣王："假若一个人，把妻室儿女托付给朋友照顾，自己到楚国去了，等他回来时，妻子儿女却在挨饿受冻，对于这样的朋友，你该怎么办呢？"齐宣王回答："和他绝交。"孟子继续提问："假若管刑罚的官吏不能管理他的部下，怎么办？"齐宣王回答说："撤掉他！"孟子又问："假若一个国家搞得很不好，那又该怎么办？"这时，齐宣王只好看看左右，也不再说话了。

在这里，孟子并没有直接问齐宣王："假若一个国家搞得很不好，那又该怎么办？"这样的问题太尖锐，况且，即使这样直白地提问了，自己也获取不到想要的信息。所以，孟子先以绕圈子的方式提出两个问题，诱导齐宣王作出了肯定的回答。然后，孟子再委婉地提出应该怎样处置不会管理国家的国君，这时，齐宣王无言以对，最后只能接受孟子的建议。孟子的建议并没有使齐宣王感到难堪，这样的语言表达方式十分适合下属向上司委婉建议。

陶行知说："发明千千万，起点在一问。禽兽不如人，过在不会问。智者问得巧，愚者问得笨。人力胜天工，只在每事问。"其中，"问得巧"就是将那些尖锐的问题"柔"化，或迂回，或绕圈子，不露锋芒地获取信息。

古人曰："曲径方能通幽。"提问也是一样的道理，在现实生活中，许多人热衷于直截了当地提问，不修饰、不绕圈子，虽然这样提问比较真实，但是，容易将问题尖锐化，提问的目的之一是引起谈话双方的兴趣，为话题做好铺垫，这样才有助于话题顺畅地进行下去。而提问最为关键的一点是营造出和谐的谈话氛围，直截了当地提问极有可能伤了对方的面子，而尖锐的问题往往会令人感到难堪，破坏了原有的和谐气氛。因此，在提问的时候，我们不妨绕个圈子，采用迂回的提问方式，否则，话题难以继续下去。

那么，如何才能做到说话蕴藏言外之意呢？

（1）象征手法

为了避免浅露的说教使对方心理上产生排斥，而削弱表达效果，说话者可以选取某一特征明显的具体事例来含蓄地表达与之相似、相近的意念、思想和情感，这就是象征。由于这种象征是凭借具体可感的形象来映现说话者的思想意向和心灵状态的，因而能够最大限度地启发听者的想象力，使他们透过这一象征物象去领会说话者想要传达的丰富的"潜台词"。比如，祖国母亲，青年人是早上八九点钟的太阳，等。

（2）比喻手法

比喻能使难懂的事理变得通俗易懂。比喻能增强语言形象性和表现力，说话者为了表达某种不易直说的事理，往往可以巧妙地通过设喻的方式进行含蓄的暗示，使听者在形象的感受中领悟这一比喻的言外之意，从而大大丰富语言的思想内蕴。比如，季羡林老先生说："我已经如此老了，但我的道路前方仍有百合花的影子，人生的前方要永远有希望、有温暖才行。"

（3）反语手法

所谓反语，就类似于"正话反说"或"反话正说"。反语可以在一定程度上适应听者的某种逆反心理，同时具有含蓄的幽默感。比如："外国就是比咱中国好，你看在外国乞丐都穿西装，而且他们都好有学问，都说外语呢！"这句话的言外之意就是批评一些人的崇洋媚外的思想。

（4）双关手法

双关就是让一个词语同时兼有两种意思，表面上说这一个意思，内层里含另一个意思。这种手法可以使语言充满含蓄性和启示力，从而传达出耐人寻味的"潜台词"意蕴。王志与于丹的对话中，很多地方用的就是此手法。

（5）反问手法

反问，就是用问句形式表示对事物的断定，而且只问不答，所要表达的肯定或否定的意思都包含在问句之中，所以问句具有的言外之意，往往体现为从肯定方面问，其意在否定；从否定方面问，其意在肯定，这就是反问的"潜台词"效应。运用反问，不仅可以增强语言的气势，而且能启发听众从言外之意中加深对事理的理解和认识。

（6）省略手法

省略，就是说话者在表达某一意思，不需要或不可能说尽的时候，就可以运用省略的方式给听者以暗示。因为这种省略是在特定的语境前提下进行的，所以听者很容易由此展开联想，从而领会省略的内容之中暗含的"潜台词"。

8. 提问之前，先来点赞美

人总是喜欢听好听的话，即使明白对方讲的是奉承话，心里还是免不了会沾沾自喜，这是人性的弱点。换句话说，一个人受到别人的赞美，不会觉得厌恶，除非对方说得太离谱了。抓住每个人的个性，赞美他们的优点，是协调人际关系的有效手段之一。真诚的赞美，会使你获得良好的人际关系，会让你感到其乐融融。

有一位工程师史先生，他想要房东能降低房租，可他知道他的房东是相当顽固的人，他说："我写信给房东，告称在租约期满后，准备迁出，实际上我并不想迁居，只希望能减低租金，但依情势来看，不会有太大希望，因为许多房客都失败了，那房东难以应付，不过我正在学习如何待人的技巧，因此我决定试验一下。房东收到我的信后，不出几天就来看我，我在门口很客气地迎接他，我充满了和善和热诚，我没有开口提及房租太高，我开始谈论我是如何的喜欢他这房子，我做的是'诚于嘉许宽于称道'。我恭维他管理房舍的方法，并告诉他很愿意继续住下去，但是限于经济能力不能负担。"

"显然，他从未接受过房客如此的肯定和款待，他几乎不知如何是好，于是他开始向我吐露，他也有他的困难，有一位抱怨的房客，曾写过十多封信给他，简直是在侮辱他，更有人曾威胁，假如房东不能增加设备，他就要取消租约。"

"临走时他告诉我：'你是一个爽快的人，我乐于有你这样一位房客。'没有经过我的请求，他便自动减低了一点租金，我希望再减一点，于是我提出了我的数目，于是他便毫无难色地答应了。当他离开时，还问我：'有什么需要替你装修的吗？'"

"假如我用了别的房客的方法去要求减低租金，一定会遭遇他们同样的失败，可是我用了友善、同情、欣赏、赞美的方法，使我获得了胜利。"

当然，赞美别人要真心，要恰如其分，不要言过其实，说得天花乱坠，过了头的就不是赞美，而是"拍马屁"了。因人、因时、因地、因场合适当地赞美人，是对别人的鼓励和鞭策。年轻人爱听风华正茂、有风度的赞语；中年人爱听幽默风趣、成熟稳健的赞语；老年人爱听经验丰富、老当益壮、德高望重的赞语；女同志爱听年轻漂亮、衣服合体、身材好的赞语；孩子爱听活泼可爱、聪明伶俐的赞语；病人爱听病情见好、精神不错的赞语。

取人之长补己之短，抬着头看别人，你就会越走越高。反之总觉得别人不如自己，高高在上，低着头看别人你就会越走越低。善于发现别人的长处，还必须善于赞美，赞美别人的同时，你的心灵得到净化，你就会发现世界无限美好，人间无限温暖。

赞美有时也无须刻意修饰，只要源于生活，发自内心，真情流露，就会收效显著，当然，赞美他人时，需要注意以下几个要点：

（1）实事求是，措辞恰当

当你准备赞美别人时，首先要掂量一下，这种赞美，对方和第三者是否信服，一旦出现异议，你有无足够的理由证明自己的赞美是有根据的。

一位老师赞美学生们："你们都是好孩子，活泼、可爱、学习认真，做你们的老师，我很高兴。"这话很有分寸，使学生们受鼓励又不至于会骄傲。但如果这位老师说："你们都很聪明，将来会大有出息，比其他班的同学强多了。"效果就大不一样了。

（2）赞美要具体、深入、细致

抽象的东西往往不具体，难以给人留下深刻印象。如果称赞一个初次见面的人"你给我们的感觉真好"，那么这句话一点作用都没有，说完便过去了，不能给人留下任何印象。但是，倘若你称赞一个好推销员："小王这个人为人办事的原则和态度非常难得，无论给他多少货，只要他肯接，就绝对不用你费心。"那么由于你挖掘了对方的优点，给予赞扬，提升了对方的价值感，因此赞美起的作用会很大。

（3）热情洋溢

漫不经心地对对方说上一千句赞扬的话，也等于白说。缺乏热情的空洞的称赞，并不能使对方高兴，有时还可能由于你的敷衍而引起对方的反感和不满。

（4）赞美多用于鼓励

鼓励能让人树立自信心。自信是成功的一半，用赞美来鼓励对方，能达到事半功倍的效果，尤其在"第一次"。无论任何人做任何事情，都有第一次的时候，如果对方第一次做得不好，你应该真诚地给予赞美："第一次有这样的表现已经很不容易了！"别人会因为你的赞美而树立信心，下次自然会做得更好。

对别人的赞美要客观、有尺度、出于真心，而不是阿谀奉承、刻意恭维讨好，这样做会适得其反，会引起别人反感。赞美之辞既是对别人成绩的肯定，使听者感受到自己存在的价值，努力做出更大的成就，与此同时自己也能获得无限的快乐。而扼杀人与人之间最为宝贵的真诚乃是妒忌，见不得别人比自己有地位、有成就，见不得别人比自己有钱。这样的心态，是无法说出真诚的赞美之词的，说出真诚、由衷的赞美是需要雅量的。

第四章
所答即所问，
那些漂亮的回话艺术

日常生活中，面对纷扰的问题，我们首先要保持一个良好的态度来应对，不仅要重视"答"的作用，还要注重"答"的艺术，能针对不同场合、不同对象选用最合理、得体、自信的言语来回应对方的提问。

1. 不同场合的回话原则

一天，居里夫人的一个女友到她家里做客，看见居里夫人的小女儿正在玩一枚金色奖章，那是英国皇家学会发给居里夫人的。

女友吃惊地说："夫人，现在能得到一枚英国皇家学会的金质奖章，可是极高的荣誉啊！您怎么能将金质奖章给孩子玩呢？"

居里夫人笑了笑说："我是想让孩子从小就知道，荣誉就像玩具，只能玩玩而已，绝不能永远守着它，否则就将一事无成。"

听完这些，女友立即露出钦佩的表情。

同样的问题，在不同的场合中，有不同的回答方式，不能千篇一律。

坚持原则和自己的观点并没有错，但是用什么样的回答方式表达自己的观点，就比较考验一个人的智慧了。那么，在不同场合中，应答方式要把握哪些原则呢？

（1）话到嘴边留三分

也就是说，回答问题时，要给自己留有余地。俗话说"打人不打脸，骂人不揭短"，尤其是在公众场合，无论大家是多么熟悉的朋友，回答对方问题时也不宜揭短，让对方陷入尴尬境地。

这不仅损害对方的公众形象，也会损害自己的形象，造成彼此间的矛盾。

（2）公众场合，言多必失

常言道"言多必失"，在公众场合回答问题时，要言简意赅，如果总是没完没了地讲，啰唆不说，言语里肯定会不自觉地暴露出许多问题，而且还会引起他人的反感。因此，在人多的场合，回答问题要尽量少说，做到掷地有声才能让别人信服。

（3）正式场合，用语要得当

俗话说"关起门来可以无话不谈"，甚至说一些放肆的话，但在公众场合或者有外人在场时，讲话要讲究分寸。正式场合讲话要严肃认真，事先要有所准备，不能乱说一通。讲话应遵循内外有别的原则，让人觉得你是一个识大体、有修养的人，如果打破了这一界限，很容易就会成为别人指责的对象。

（4）说话语气，要把握好尺度

讲话要与场合中的气氛相协调，别人办喜事的时候，千万不要说悲伤的话；人家悲恸的时候，不要说逗乐的话。我们要重视语气的作用，还要讲究语气的艺术，针对不同场合、不同对象，选用最得体、最恰当的语气，便能收获最佳的效果。

2. 如何回应上司的批评和指责

不管是什么人，也不管你是什么人的下属，都偶有受到老板责骂的时候，此时，大家心里都会不舒服。但是，假如老板当面责骂你，你就怒气冲天、脸红脖子粗、冲动行事，事后你肯定会后悔。因此，当你想要发脾气时，最好在心中默想："等一等！"这句"等一等"，就是让你忍耐的意思。

无论什么情形，心情不要被别人的训斥所扰乱，保持弹性、冷静，下属被上司斥责是偶有发生的事，但是，上司被下属反驳却是一件难堪的事。若被上司指责，还是干干脆脆地认错吧！这才是下属应有的态度。

例如：

小王大学毕业不到一年，现在是某公司的一名职员。

某天，领导拿着一份文件，让他传真到另一家公司的宣传部，小王照着做了。可谁知，第二天领导怒气冲冲地走进了办公室，当着众多同事的面，大声地斥责小王："你是怎么做事的？让你发传真到这家公司的宣传部，你却给发到另一家公司去了！"

小王一下子就懵了，他回忆了一下，确认领导昨天交代的的确是自己发的这家公司，他想一定是领导记错了。可是，看着领导愤怒的脸，小王没有辩解什么，而是主动承担了责任："对不起，实在对不起！都怪我办事太急躁，本想抓紧时间办好，没想到反而犯了个大错。我一定会吸取教训的，保证不会有第二次了！"

说完，他立马重新发了一份传真。几天后，小王被叫到了领导的办公室，领导诚恳地向他道了歉，说自己那天因为着急错怪了小王，并夸奖小王年纪轻轻，就明白忍辱负重。从此，小王在领导心目中的地位大大提升了。

领导也是人，也有犯错误的时候，特别是在工作中，很有可能会因为忙乱和着急而误会了你。这时，你一定要记住：千万不要当着众人的面反驳上司。因为，上司需要保持一定的威信和颜面，即便他错怪了你，你也不能当众让他下不了台。你应该暂且把责任承担下来，等上司明白过来，发现自己误会了你时，自然会为你起初的忍辱负重而感谢你。

任何人在单位任职的时间长了，都难免会受到上司的批评，被批评时，我们大可不必忧心忡忡。领导批评下属，有时候是因为发现了问题以帮助其改过；有时候是提醒受批评者不要太自以为是，或者不要把事情看得过于简单；有时候是为了"杀一儆百"。只要明白了上司为什么批评你，你便会了解情况，从容应付。

下面介绍一下在受到上司批评时，应该注意的几点：

（1）要有诚恳的态度

事实上，在受到上司批评时，最应该表现出诚恳的态度，从批评中接受、学习。因为最让上司恼怒的，就是他的话被当作"耳旁风"。假如受批评者对批评置若罔闻，依然我行我素，这种结果或许比当面顶撞更糟，因为这样会被看作其眼里没有上司。

（2）员工对批评不要不服气和满腹抱怨

在受到批评的时候，被批评者应仔细反省自己的问题，并及时纠正。错误的批评也有其可被接纳的出发点。更何况，有些聪明的下属善于"利用"批评。也就是说，受批评才会明白和理解上级的苦心，因此，批评的对与错本身有什么关系呢？就说错误的批评吧，假如处理得好，反而能成为有利因素。但是如果不服气，发牢骚，那么，这种做法造成的负效应，足以使被批评者和领导关系疏远。当领导以为其是"批评不起""批评不得"

时，也就产生了相应的负面印象——认为你"用不起""提拔不得"。

（3）最忌讳当面顶撞

不管上司批评得有无道理，都应谦虚接受。因为当面顶撞是最不明智的选择。尤其是公开场合，这不仅让受批评者下不了台，而且也使上司下不了台，如果能坦然大度地接受其批评，他会在潜意识中产生歉疚之情。

（4）切忌反复纠缠和争辩

受到领导批评时，反复纠缠、争辩，非要弄个一清二楚是没有必要的。如果真的有冤情和误会的话，可以找一两次机会解释一下，但也要点到即止。即便领导没有为其"平反"，也不要纠缠不休，因为斤斤计较的下级是很让领导厌恶的。如果受批评者的目的只是为了不受批评，当然能"寸理不让"。但是，一个把领导弄得筋疲力尽的人，又何谈晋升和加薪呢？

受到批评，甚至受到训斥并不是受到某种正式的处分、惩罚，它们之间是不一样的。在受到正式的处分时，受批评者的某种权利在某种程度上会受到限制或被剥夺。如果是被冤枉的，当然应该努力申辩和申诉，直到问题搞明白为止，从而维护自己的正当权利。然而，受批评则不同，即使是受到错误的批评，情感和自尊心受到伤害，但一味地为了弄清楚是非曲直，反倒让上司觉得此人心胸狭窄，经不起任何误会。

3. 谈判中的回话艺术

在谈判中正确的答复未必就是最好的答复，正确的答复有时可能愚蠢无比。答复的艺术在于知道什么应该说，什么不应该说，而并不在于答复内容的对错。

谈判应酬中回答问题，不是一件容易的事。因为回答问题者不但要根据对方的提问来回答，还要把问题尽可能地讲清楚，使提问者得到答复。而且，回答者对自己回答的每句话都负有责任，因为对方可能把其回答理所当然地认为是一种承诺。这就给回答问题的人带来一定的精神负担与压力。因此，一个谈判者水平的高低在很大程度上取决于其答复问题的水平。

谈判，就其基本构成来说，是由一系列的问和答所构成的，有问必有答，"问"有问的艺术，"答"也要有答的技巧。

（1）要给自己一些思考的时间

谈判中对提问回答的好坏，并不是看你回答的速度，特别是面对一些涉及重要既得利益的问题，必须三思后再答。此时可以借点支香烟、喝水、调整坐姿、整理桌子上的资料、翻一翻笔记本等动作来延长思考的时间。

（2）不应随便答复

谈判者在谈判桌上的提问动机复杂，目的多样，若谈判者往往没有了解问话动机，按常规回答，结果往往反受其害。每一个高明的回答，都是建立在准确判断对方用意的基础之上的，独辟蹊径、富有新意的。

回答问题，要给自己留有一定的余地。在回答时，不要过早地暴露实力。通常可用先说明一件类似的情况，再拉回正题，或者，利用反问把重点转移。例如："是的，我猜想你会这样问，我可以给你满意的答复。不过，在我回答之前，请先允许我提一个问题。"

若是对方还不满意，可以这样回答："也许，你的想法很对，不过，你的理由是什么？""那么，你希望我怎么解释呢？"等。

（3）有些问题是不值得回答的

谈判中，有时会涉及有损己方形象、泄密或无聊的问题，对此谈判者不必为难，不予理睬，或用无可奉告来拒绝回答就是最好的回答。

谈判中有些谈判者会提些与谈判主题无关的问题，回答这种问题显然是浪费时间。或者，一方会有意提一些容易激怒对方的问题，其用意在于使对方失去定力。回答这种问题只会损害自己，因此可以一笑了之。

（4）要使回答具有灵活性

有的提问是由一种心理需要所驱使，回答就应针对其动机而来。比如，市场上只有一家卖鱼的，顾客问："这鱼多少钱一斤？"答："三块钱"，就不如答："老价钱，三块钱"，因为顾客的心理动机是看价钱涨了没有，然后决定买不买，买多还是买少。如果市场上有几家卖同类鱼的，顾客动机就复杂了。一是可能比较各家的价格高低，二是要看涨价了没有，另外鱼有大小和新鲜程度的差别，顾客还要看鱼是否质价相符，在这种情况下，要回答得对顾客有吸引力，考虑的因素又多了些，答案也就要视情况而定。

（5）某些问题只需答复局部

这主要是指某个问题中又包括几方面因素，如果将这些方面的问题都加以回答，并不一定能完全清楚地表明己方的立场和态度，或者在某一方面一时难以说清楚，而勉强说明，反而会坏事，所以还不如有选择地对某些方面作出回答。

（6）有些问题可以答非所问

从谈判技巧角度看，对不能不回答的问题采用答非所问是一种行之有效的方法。有时，对方提出的问题己方很难直接从正面回答，但又不能用拒绝回答的方式来逃避问题，这时就只能应付对方，讲一些与此问题既有关又无关的问题，东拉西扯，不着边际，看上去回答了问题，其实没有实质性内容。

（7）偶尔采用推卸责任的方法

有些谈判者面对毫无准备的提问，往往不知所措，或者即使能够回答，但鉴于某些原因而不便回答的时候，通常就可采用诸如"对于这个问题，我虽没有调查过，但我曾经听说过……"等推卸责任的回答法。这些回答中，即使答案是胡说八道带有故意欺骗的性质，回答者也可以不负责任，因为答案不但没加肯定，而且是道听途说的。这种回答法对于那些为了满足虚荣心的提问者，以及自己不明确提问目的和目标的提问者，往往能收到较好的效果。

（8）有些问题的回答可使用安慰的方法

当问题属于公认的复杂性问题或短时间内无法讲清楚的问题，以及技术性很强，非专家讨论无法明了的问题时，回答往往采用安慰式。即首先肯定和赞扬提问者提问的重要性、正确性和适时性，然后话锋一转，合情合理地强调提问所涉及的问题的复杂性以及马上回答的困难程度，还可以答应以后找个专门的时间对该问题进行专门的讨论等，以此换取包括提问者在内的在座者的理解与同情。

总之，谈判中的应答技巧不在于回答对方的"对"或"错"，而在于应该说什么、不应该说什么和如何说，这样才能获得最佳效果。

4. 回答记者提问的技巧

接受采访是经常与媒体打交道的人的必修课，面对记者的提问，回答得完美与否，对个人及组织形象起着决定性作用。凡事预则立，不预则废，在回答记者提问时亦是如此。毕竟记者的问题五花八门，或敏感，或刁钻，或古怪，总是让人无从下手，如果事先没有做好充分准备，面对采访时语塞，回答不上来，那就非常尴尬了。

在英国议会大厅的某一次演讲中，演讲者是保守党议员乔因森·希克斯，他在台上唾沫横飞，台下的首相丘吉尔却不时摇头。乔因森·希克斯对丘吉尔的态度十分恼火，冲着丘吉尔愤怒地说："我想提醒尊敬的先生们注意，我只是在发表自己的见解。"

丘吉尔也不慌不忙地回答说："我也想提醒尊敬的演讲者注意，我只是在摇自己的头。"

丘吉尔的回答就非常有硬度，对希克斯的话做出了强有力的回击，但是态度很软，礼貌又幽默，让对方无从回击，这就是软硬兼施的回答效果。回应是为了沟通，面对媒体，回答记者的提问，同样是为了沟通，因此无论面对记者提出什么样的问题，在心理上一定要准备充足，才能做到冷静作答，不骄不躁。

即便是提前约好记者，也要做好充足准备，以防万一。记者的职业很特殊，为了报道更加详细，可能会对某些问题打破砂锅问到底，有些问题你想逃避回答都很难，只有对记者的连环问题做好充足的准备，才能在镜头前应付自如，给媒体和大众留下好印象。接受记者采访时，必须要掌控采访时机，争取占据主动，把握好谈话的方向。

另外，在接受采访时加入一些幽默元素，也会收到意想不到的效果。

例如：

一次记者招待会上，某位领导回答一位女记者提问时说："这位小姐应该是四川人吧？提的问题都很辣。"

全场大笑，包括那位女记者。一个"辣"字，就充分说明了她提的问题的难度，这位领导接着说："辣是辣了点，可是我必须得回答，大家都等了我半天了，如果得到的只是我的含糊其词，未免扫兴，那我就太对不起记者朋友们了。现在，我就把这件事情的原委清清楚楚地讲给大家听。"

认真严肃地回答记者的提问没有问题，但如果一点表情都没有，就容易给人冷若冰霜、不近人情的感觉，通过媒介传播出去，也对回答者本身形象的塑造极其不利。因此，回答问题时，适当穿插一些轻松而幽默的题外话，不仅能活跃气氛，也会让沟通和形象塑造的效果更好。

回答记者提问，不仅需要智慧，更需要保持良好的心态。尤其是面对媒体时，回答尖锐问题的目的，并不是要终结沟通，而是要让沟通在和谐的气氛中进行下去。因此，保持良好的心态更能积极面对尖锐的问题，轻松化解难题，将自己想要展现给公众的内心想法表达出来。

相对于其他类型的提问，回答记者提问难度最大。首先，记者提问的针对性较强，而且记者提出的问题，一般都是经过精心准备的；其次，记者提出的问题，往往不是单一存在的，而是一连串的问题，如果不经过缜密思考就回答，很容易落入记者的问题圈套，被记者牵着鼻子走；再次，记者提出的问题，从表面上很难看出是善意的还是恶意的，往往意识到时，已经为时已晚；最后，有的时候，记者提出问题，并不一定是要你回答，而是为了激怒你来获取更多你真实的想法或心中的秘密。

因此，回答记者提问时，我们要遵循以下4个原则：

（1）分析问题内容及目的

回答问题之前，我们要冷静分析，结合环境、事件、人员等因素，从多角度看待这个问题，给自己提出一些问题，例如：他为什么要提出这个问题？他的立场是什么？然后认真思考，逐一给出答案，这样就能找到问题的实质。另外，对问题进行思考时，一定要注意细节。

（2）做出正确判断，并根据判断回答问题

对问题进行深入分析后，再对问题做出系统、深入的回答和评价。正所谓"言多必失"，对于不懂或者知之甚少的问题，尽量正面或简短回答，不要给出肯定的结论。

（3）面对棘手事件的问题，要阐明观点

尤其是遇到舆论关注度高，或者议论较多的事件，回答记者相关提问时，可以针对事件的未来走向和趋势做出推断和预测，也可以阐明自己的见解，提出意见。此时不回应或者逃避回答，都不是明智的选择。

（4）坚持原则

回答记者的提问最重要的是坚持原则，这里的原则代表的是你的立场、你的观点，只有立场坚定，才能营造出掌控问答环节的气场，也会对提问者产生一定的威慑作用，让提问者不会随意抛出过分的问题。

有位名人曾经在做客某媒体时发飙，说出"媒体很弱智，总喜欢问动机""我拒绝回答愚蠢的问题"等言论，引得舆论一片哗然。也许当时主持人问得不够有技巧，但这位名人的回答显然也不够智慧，不仅有失风度，也有损形象。

时代的发展，让大众走到聚光灯下成为可能。当我们面对记者采访，智慧很重要，而心态更重要，我们要学会调整自己的心态，无惧记者的提问，同时也要善待媒体。懂得善待记者，尊重记者的提问，那么你的善意自然也就会通过媒体传达给受众，从而形成良性互动。

5.　夫妻间回话的艺术

一对夫妻在收工回家之后，出现了类似独幕剧的情节：

"啊，亲爱的，你回来了，今天工作忙吗？"妻子说。

（表示关心并询问对方的情况。）

"没什么。"丈夫回答。（不予明确回答。）

"好啊，那么你帮我洗菜好吗？"（提出要求。）

"我今天累极了！"（不明确予以答复，给出一个模糊的理由。）

"亲爱的，今天有什么事？工作不顺利？给我讲讲好吗？"（又提出询问。）

"没什么，告诉你也帮不了什么忙。"对方小声咕哝一句。（又不给予明确答复。）

"待会儿有几个客人要来，我累了半天了，你帮我……"（又提出要求。）

"好吧，好吧。"丈夫不耐烦地打断了妻子的话。（不想听爱人的陈述。）

夫妻闷闷不乐地干起了活，客人来了，夫妻俩殷勤招待，两人都累得够呛。

客人走了，妻子面对杯盘狼藉的残局："亲爱的，帮我……"

这时丈夫终于忍不住了："帮你，帮你，你当我是机器人呀！我天天上班累得要死。晚上我还得加班干。"

"你把我当什么了？"这时妻子也火了，"我早就问你有什么事，你不说，现在你发什么脾气？这家务活就该我一个人干？这个家就是我一个人的吗？"于是双方怒气冲天地抱怨起来。

这就是典型的无效沟通，是交流"聋哑症"。表面上看，夫妻二人每件事都说了，但是心理学的研究告诉我们：他们的沟通缺乏明确性。从上面的对话中我们可以看到，一方始终没有得到另一方的明确答复。

心理学家告诉我们，及时的反馈会提高行动者的积极性，提高行动者的工作效率，并会使对方产生被重视的感觉。得不到反馈的行动呢，结果与此正好相反。

产生这种情况的原因是什么？为什么谈恋爱时的卿卿我我、心心交融，这时荡然无存，反而形成这种爱答不理的局面了呢？

谈恋爱时的卿卿我我，心心交融来源于两颗敏感的心。双方渴求了解，渴望交流；结婚后，其中一方以为两个人已融为一体，没有沟通的必要了，因此导致了消极应对。

其实，又有谁能完全了解自己呢，更不用说去了解别人了。生活中充满了未知数，人心更是在不断地变化。只有保持一颗敏感的心，才不至于产生隔膜。心永远是生动的、变化的，婚姻并不代表心灵的融合。

另外，沟通来自两个平等的个体相互尊重、彼此独立，不可替代，这是良好沟通的基本条件。如果认为一方已完全从属于自己，那么自然就没有沟通的必要，正像奴隶主不会关心奴隶的心情和病痛一样。如果认为爱人从属于家庭，自然也不会有良好的沟通。

在多数缺乏有效沟通的家庭里，正是因为忽略了这两点，才使得上述例子中不愉快的谈话层出不穷。幸运的是，这种不愉快的沟通不难弥补。如果夫妻双方在每次谈话中都致力于使交流的每个信息都清晰而完整，经过一段时间，双方的沟通方式就会改进很多，感情也会增进许多。

有效的沟通，正是遵循着上面的原则。

妻子：亲爱的，你回来了，今天工作忙吗？

丈夫：啊，今天忙极了，我干了……晚上还得加班……

妻子：亲爱的，我真为你感到自豪。

丈夫：亲爱的，你今天怎么样？

妻子：我今天下午也忙了半天，菜还没有洗，客人待会儿要来。你能抽出时间帮我干点儿活吗？

丈夫：当然可以。

妻子：太好了。待会儿客人走了，你就忙你的吧，由我来收拾。

丈夫：你真好，咱们开始干吧。

如果夫妻之间的谈话都是这样的积极主动，相互间充满尊敬和柔情，那么夫妻之间会减少多少摩擦与争执。

夫妻之间的沟通是一门学问，沟通出现问题是许多夫妻感情危机的主要因素。夫妻之间的情投意合，除了眼缘之外，更重要的就是沟通了，沟通是否顺畅，往往就体现在双方的有效互动中。例如：

有一天，小李的妻子发脾气，小李就对她说："我不喜欢你发脾气，但我知道女人总有那么几天会情绪不好，你得提早告诉我。那么我就可以让你发泄一下，但不许多，一天最多20次。"

小李的妻子听后"扑哧"一笑，顿时，所有坏情绪便一扫而光。

人与人相处时间长了之后，交流就非常容易受情绪影响，好的、坏的都有，更何况是朝夕相处的情侣或夫妻。因此，在回答对方问题的时候，要多站在对方角度思考问题，往往对方想要得到的答案完全不是问题表面呈现出来的那么简单。

（1）学会倾听

我们经常可以看到沉默的伴侣，经调查后发现，造成这样的局面，通常是因为其中一方在语言斗争中经常失败，便采取不沟通的策略。

（2）爱没有对错

许多情侣在遇到问题时，喜欢辩个对错输赢，爱情哪有什么输赢，实际上，在争输赢的过程中双方都输了，忘记了最初沟通的目的。当双方意见不合时，想想各退一步的解决方法，这比无休止地争论对错，一味争输赢要好得多。

（3）避免表达负面情绪

当心中充满负面情绪时，要设法让自己平静下来，不要让情绪来主导对话，当心绪平静时，你才能传达出内心真实的想法。

（4）注意语调

即使是同样的回答，倘若用不同的语调就会产生不同的效果。例如：你撒娇地说"你这人怎么这么坏"与你生气地怒吼"你这人怎么这么坏"将是两种不同的意思。说话的声调总是能反应人的精神和情感状态，因此情侣双方必须要知道，说话的语调和所讲的内容同样重要。

（5）用眼睛回答

相关研究证明，每天对视15分钟的家庭成员，比没有眼神交流的家庭成员对于幸福的感受度要高70%。情侣间对话要学会让自己的眼睛参与进来，表达你所有积极正面的情感。

6. 回答顾客问题有妙招

推销人员不仅提问需要技巧，回答顾客的问题也要讲究策略。下面介绍几种回答问题的策略：

（1）使用"是……但是"法

在回答顾客问题时，这是一个广泛应用的方法，它非常简单，也非常有效。具体来说就是：一方面推销员表示同意顾客的意见，另一方面又解释了顾客产生意见的原因及顾客看法的方向性。

由于大多顾客在提出对商品的看法时，都是从自己的主观感受出发的，也就是说，都是带有一种情绪的，而这种方法可以稳定顾客的情绪，可以在不与顾客发生争执的情况下，委婉地提出自己的意见。当顾客对商品产生了误解时，这种方法是有效的。

例如：

花店里，一位顾客正在打量一株紫罗兰。

顾客："我一直想买一株紫罗兰，但是我又听说要使紫罗兰开花是非常困难的，我的朋友就从来没有看到他的紫罗兰开过花。"

推销员："是的，您说得对，很多人的紫罗兰开不了花，但是，如果您按照生长说明要求的去做，它肯定会开花的。这个说明书将告诉您怎样照顾紫罗兰，请按照上面的要求精心管理，如果它开不了花，还可以退回商店。"

你看，这个推销员用一个"是的"对顾客的话表示赞同；用"但是"解释了紫罗兰不开花的原因，打消了顾客的顾虑，使顾客以浓厚的兴趣倾听推销员的介绍。

（2）使用"直接否定"法

当顾客的问题来自不真实的信息或误解时，可以使用直接否定法。然而，这是回答顾客问题时最不高明的方法，等于告诉顾客他的看法是错误的，是对顾客所提意见的直接驳斥。

因此，这种方法只有在适当的时候才可以使用，请看下面的例子：

一位顾客正在观看一把塑料手柄的锯子："为什么这把锯的手柄要用塑料的而不用金属的呢？看来是为了降低成本。"

推销员："我明白您说的意思，但是，改用塑料手柄绝不是为了降低成本。您看，这种塑料是很坚硬的，而且它和金属一样安全可靠。许多人都非常喜欢这种式样的。"

试想，假如推销员说："您是从哪里听说的？"顾客可能会感到生气和愤怒。但是，推销员用共情的语气予以解释，情况就大不相同了。顾客对"直接否定"法的反应更大程度上取决你怎样使用这种方法。

（3）使用"高视角、全方位"法

顾客可能提出商品某个方面的缺点，推销员则可以强调商品的突出优点，以弱化顾客提出的缺点。当顾客提出的问题基于事实根据时，可以采取此法。

请看下面的例子：

推销员："这种沙发是用漂亮的纤维织物制成的，坐在上面感觉很柔软。"

顾客："是很柔软，但是这种材料很容易脏。"

推销员："我知道你为什么这样想，其实你说的是几年前的情况了，现在的纤维织物都经过了防污处理，而且还具有防潮性能。假如沙发弄脏了，污垢是很容易除去的。

（4）使用"自食其果"法

当顾客提出商品本身存在问题时，可以用这种方法把销售的阻力变成购买的动力。采用这种方法，实际上是把顾客提出的缺点转化成优点，并且作为他购买的理由。请看下面的例子：

一位顾客正在看一台洗衣机。

顾客："这种洗衣机质量很好，就是价格太贵了。"

推销员："这种洗衣机的设计是从耐用、寿命长考虑的，可以使用多年不用修理。别的牌子虽然便宜一点，但维修的费用很高，比较起来还是买这种洗衣机合算。"

顾客对商品提出的缺点成为他购买商品的理由——这就是自食其果。请记住这样一个信条：一家商店、一家公司都要有信心，要相信自己能够战胜对手，这一点非常重要。

（5）使用"介绍第三者体会"法

这种方法是利用老顾客给本店的正面评价来说服顾客的一种方法。一般说来，人们都愿意听取旁观者的意见。所以，那些感谢信、褒扬商品的言论等，是推销商品的活广告。请看例子：

顾客："这个车库的门我怎么也安不好。"

推销员："我理解您的心情，几个星期前哈得森博士也买了一个类似的门，开始也担心安不好，可是前几天我收到她的一封信，她说只要按说明书的要求做，安装非常容易。请您先看看说明书，我去拿哈得森的信来。"

（6）使用"结束销售"法

在整个销售过程中，要抓住每一个可能结束销售的机会。假如顾客的问题是一个购买信号，就正面回答顾客，然后结束销售。当顾客对商品提出的问题或表示的意见是同他占有的商品相联系的时候，这就是顾客准备购买的一个信号，在回答顾客的问题之后，就可以结束销售。比如一个顾客正打量一套衣服。

顾客："我很喜欢这套衣服，但是裤子太肥了，上衣的袖子也长了点。"

推销员："不要紧，我们有经验丰富的裁剪师，稍微修一下，就会很合身的。让我叫裁剪师来。"

7. 演讲中的"反弹回话术"

在演讲过程中，经常会遇到一些恶意或非恶意地打断演讲的突发状况，面对这种状况，我们可以利用言语交际中的"反弹回话术"来回应。

所谓"反弹回话术"，是一种说话技巧，即指对对方提出的问题，由于某种原因，不便、不能或不愿做直接地回答，于是采用以问作答的形式将问题反弹给对方。这种答话技巧其实是将对方的难题再还给对方，使自己由被动变为主动。它常常可以令对方处于尴尬的境地，使对方自作自受，产生"圣人所非与熙也，寡人反取病焉"（《晏子春秋》）的感想。

（1）当别人打探你的隐私时该怎样说

隐私本是一个人内心深处不愿被别人知道的秘密，但是在人际交往中，有些人总是会有意或无意地触及别人的隐私。不管问的人动机如何，一旦被问的人回答不好，很有可能会产生一些不良的后果。那么当你面对被问及隐私时该怎样回答呢？

下面的几种方法不妨一试。

① 答非所问

菲律宾前总统科拉松阿基诺，在出席一次记者招待会时，记者问她有多少件旗袍礼服，科拉松阿基诺不假思索地回答："我所有的旗袍礼服，都是第一流服装设计师奥吉立德罗为我设计的。你知道吗？她经常向我提供最新流行的服装样式。"

别人问数量，她却回答是谁设计的，这样回答明显属于文不对题，然而，那位记者却知趣地不再追问了。

② 似是而非

似是而非的回答往往让那些爱探听隐私的人无功而返，它的奇妙之处就在于听上去你像是在回答对方的问题，但其实并不是对方想要的答案。

③ 绕圈子

不给出一个明确的答案，只是原地绕圈，迷惑提问者，例如，听众要是问演讲者"你体重多少"，演讲者可以回答"比去年轻了一点"。也就是回答听众一个不确定的答案。

④ 否定问题

著名影星、孙悟空的扮演者六小龄童，在一次记者招待会上被记者问到："当初谈恋爱，你和于虹谁追的谁？"六小龄童回答："到底谁追谁，有什么重要？我们都没有想过要'追'对方，因为不是在赛跑，一个在前一个在后，我们是夜色中的两颗星星，彼此对望了几个世纪，向对方眨着眼睛，传递着情意。终于有一天，天旋地转，我们就像磁石的两极碰到一起，吸在一起了。"

六小龄童根本就没有回答对方的问题，而是一开始就否定了对方的问题为前提，即认为两人谈恋爱不一定是一方主动追另一方，随后便对两人的爱情做了一个浪漫、精彩的比喻。这样既回答了记者的提问，又没有透露自己的隐私。生活中，有人打听隐私的时候，这不失为一个好办法，从一开始就否定对方的问题，自然也就不用按照他的提问来回答了。

⑤ 直言相告

有时候，对方打听你的隐私时，你可以开门见山，指出对问话的不当，直接表达自己的不满。

（2）当别人提出不便当众回答的问题时该怎样说

当众回答某些难以回答的问题确实要顶着巨大的心理压力。因为严词拒绝回答问题有失风度，但照实回答也是不可以的。面对这种难以选择的境地，可以通过下述方法顺利解决。

① 反踢皮球，把难题还给对方

有时，提问者的问题一两句话是难以说清楚的。如果顺着这个思路去回答，势必陷入尴尬的境地。这时，可以巧妙地转移话题，把难题转移到对方头上去，自己就占据了主动地位。

② 暂退一步，换位思考

1956年在苏联共产党第二十次代表大会上，赫鲁晓夫做了"秘密报告"，揭露、批评了斯大林肃反扩大化等一系列错误，引起苏联及世界各国的强烈反响。大家议论纷纷。

由于赫鲁晓夫曾经是斯大林非常信任和器重的人，很多苏联人都怀有疑问：既然你早就认识到了斯大林的错误，那么你为什么早先没有提过不同意见？你当时干什么去了？你有没有参加这些错误行动？

有一次，在党的代表大会上，赫鲁晓夫再次批判斯大林的错误。这时，有人从听众席递来一张条子，赫鲁晓夫打开一看，上面写着："那时候你在哪里？"

这是一个不便直接回答的尖锐问题，赫鲁晓夫的脸上很难堪。他不想回答但又不能回避这个问题，更无法隐瞒这张条子。这样会使他更丢面子，让人觉得他没有勇气面对现实。他也知道，许多人有着同样的疑问。更何况，这会儿台下成千双眼睛已盯着他手里的那张纸，等着他念出来。

赫鲁晓夫沉思了片刻，拿起条子，通过扩音器大声念了一遍条子的内容。然后望着台下，大声喊道："谁写的这张条子，请你马上从座位上站起来，走上台。"

没有人站起来，所有的人都吓得心怦怦地跳，不知赫鲁晓夫要干什么。

赫鲁晓夫又重复了一遍他的话，请写条子的人站出来。

全场仍死一般的沉寂，大家都等着赫鲁晓夫的爆发。

几分钟过去了，赫鲁晓夫平静地说："好吧，我告诉你，我当时就坐在你现在的那个地方。"

面对当众提出的尖锐问题，赫鲁晓夫不能不讲真话。但是，如果他直接承认"当时我没有胆量批评斯大林"，势必会大大伤了自己面子，也不符合一个有权威的领导人的身份。于是，赫鲁晓夫巧妙地即席创造出一个场面，借这个众人皆知其含义的场景来婉转、含蓄地隐喻出自己的答案。这种回答既不失自己的威望，也不会让听众觉得他在文过饰非。同时，赫鲁晓夫营造的这个场景还让所有在场者感到他非常幽默，平易近人。

当不便回答的问题被提出时，往往是双方都觉得对方的言行不合适，这时，如果采取退一步思考问题的策略，把角色"互换"一下，就能很顺利地继续交谈下去。

（3）面对无理要求时如何说

面对无理要求时，盲目答应当然不行，但是一概严厉拒绝，也非最佳解决问题之道，下面的两种解决方式可以使你既能拒绝对方，又能不惹恼对方，是处理这种难题的首选。

①略地攻心，让对方主动放弃

对于比较感性的提问者，用理性的分析难以打消他们提问的热情，可以用攻心的策略，先用一句恭维的话，从感情上让他产生共鸣，以达到拒人于无形之中。

②用"类比"反驳对方

有时听众提出的问题可能合情理，但是演讲者却没有办法解释，这种情况下，可以寻找相似的例子，通过相似例子的解决方法来说服听众。

（4）面对过分的玩笑你该如何应对

玩笑开得过分时，气氛往往会变得比较尴尬或紧张，这种情况下，很多人还是希望能保持住自己说话的风度，那么，该如何应对这种过分的玩笑呢？你可以选择下面的方法作为参考，以便顺利走出困局。

①借题发挥

某业余大学中文班开学第一天开了个座谈会。首先，学员们一个个做自我介绍。当轮到来自农村的牛力时，他刚说了句："我姓牛，来自乡下……"不知谁小声说了句："瞧，乡下小牛进城喝咖啡了！"一下子，许多人都笑起来了。牛力先是一愣，但很快就镇定下来，说道："是的，我是来自乡下的小牛。不过，我进城是来'啃'知识的，以便回乡下耕耘。

我'吃的是草，挤出来的是奶和血'。我愿永远做家乡的'孺子牛'！"

话音刚落，大家热烈地鼓起了掌，为牛力精彩的讲话喝彩。

牛力用自己的机敏，顺着那位同学过分的玩笑话，引用鲁迅的名言，不但摆脱了尴尬的场面，而且表明了自己做人的准则，为自己赢得了喝彩。

当有人对你开带有侮辱性质的玩笑，但又不是恶意刁难你的时候，顺着对方的话借题发挥，将对方的话变成你用来夸奖自己的话，可谓是一种最机智的选择。这样既能避免自己难堪，又不至于把关系弄僵。

②诱敌上钩

当有人纯属恶意地开你的玩笑时，你当然要毫不客气地回敬，诱敌上钩就是其中的一种技巧。你要不紧不慢地诱惑对方进入你语言的圈套，在关键时刻反戈一击，让对方自取其辱。

③反唇相讥

生活中一些尴尬的局面，完全是由于别人不敬的玩笑引起，如果你隐忍退让，只会被人看扁；如果针锋相对，又会把事情搞僵。这时不妨采用反唇相讥的办法，把对方的玩笑的话用到对方身上去，从而为自己争取主动。

（5）圆场的话该怎样说

在剑拔弩张的情况下，怎样说才能让气氛缓和下来，这确实是个难题。我们不妨学一下以下几个技巧，使圆场的话变得不再难说。

①化分歧为两面，让双方都满意

有时候，争执双方的观点明显不一致，而且也不能"和稀泥"，这时，如果你能把双方的分歧点分解为事情的两个方面，让各执一词的双方都占理，这不失为一个好办法。

②善意谎言，营造轻松氛围

在交际中，有些人不合时宜地开玩笑，撞在别人的枪口上，免不了尴尬。为了缓解这种局面，我们可以善意地撒点小谎，为对方的玩笑话添加特定的背景资料，从而将玩笑从缓和气氛的角度去解释。最好加上一点幽默，营造出轻松的氛围，从而将话题引开。

③ 旁逸斜出，顺着对方的心意

当双方因为一个做错了的事而情绪紧张时，顺着对方的心意，把事情往好的方向解释，往往就能化解紧张的气氛。

8. 面试时的回话技巧

"夏雨晴，你的名字很漂亮啊！"

面试官夸奖应聘者的名字有两个原因：一是发自内心地赞美，二是希望能够在面试开始前制造一种轻松和谐的气氛。尤其是应聘者名字较为特别时，很容易出现这种情况。

回答1："是吗？谢谢！这个名字比较符合我的性格，雨是比较温柔的，晴是比较热烈的，因此，我觉得我的个性既有顺从的一面，也有热烈积极的一面。"

这种回答是非常普遍的一种错误典型，虽然听起来很美，却完全不真实。没有人能在刚出生时就知道自己的性格，妈妈也一样不知道自己刚出生的宝宝的性格是温柔还是热烈。这种回答表现出应聘者太急于表现自己的优点，却违反了真诚沟通的原则，会让面试官产生反感。

回答2："谢谢！我妈跟我说，她年轻的时候比较喜欢文学，总是想追求一种阳春白雪的感觉，有点'小资'，于是就给我起了雨晴这个名字。其实，我可是有一点'名不符实'，雨晴虽然听起来很温柔婉约，我倒是比较偏向男孩子的性格。"

这个回答既轻松幽默地讲了自己名字的来历，又暗示了自己积极的性格，为沟通开了个好头，也容易给面试官留下积极有活力的好印象。

面试中提出的每一个问题对你来说都是一个特别好的机会，比如解释你为何是这个职位最佳的人选。你一定要突出你的优点，避免因回答不准确而错失机会，也就是说你需要认真、全方位地考虑面试回应方法。下面简明地介绍一下面试官们在面试时经常会问的几个问题及回答技巧。

（1）请谈谈你个人的最大优点

面对这个提问时，多数人的回答都很片面，有的人说"我人缘特别好，连续三年担任××会委员"；有的人说"我特别守时，工作以来，我没有一次迟到过"；还有的人说"我的个性很随和，是大家公认的好好先生（小姐）"……下面这位应聘者的回答就很完美："我的坚持度特别高，事情没有达到一个令人满意的结果，我就绝对不会放弃。"

以上几个人的回答虽然全部表现出了应聘者个性上的特色，但只有最后一位应聘者的答复最能和工作相匹配。只有可以与工作相匹配的优点、特质，才是面试官相对感兴趣的回答。

（2）你为何想离开之前的公司（职务）？

面对面试官这样的问题，应聘者在回答时应多想想，否

则，你可能就会因回答不够好而被淘汰掉。以下是几位应聘者的
回答：

李四说："加薪的结果让我特别失望，完全与我的付出不成
正比。"赵某说："公司营运状态不佳，员工全都人心惶惶。"
而最后被录取的小张是这样说的："老板不愿授权，工作处处受
限制，绑手绑脚，很难做事。"小张的答复，可以彰显应聘者的
企图心、能力强，而且希望被赋予更多的职责。其实，赵某的答
复虽然是因为个人无法改变的客观因素而离开岗位，但面试官不
会因此认为你的工作能力强，相反会让人对其有种不能与公司患
难与共的认知。

（3）你最大的成功之处是什么，为什么？

面试官问这样的问题是在调查应聘者的价值观，应聘者回答
时要表露出自己的判断标准和推崇的观点。

刚刚进入社会的毕业生一般会这样说："在校时学业虽然很
重，我依然特别出色地完成了。我非常得意的是能在上学时还可
以外出做份兼职。"

表面上看起来这样回答似乎还可以，也许很多人曾做过类似
的回答，可是它缺乏有价值的内容。首先，这种答复没有一点特
别的地方；其次，回答太空泛，应该找到自己经历中的亮点作为
事例讲给面试官听。即使你没有得过奖学金，也没担任过什么职
务，也没有组织过什么活动，你一定也有自己的亮点。例如：我
认为大学四年我最大的收获是结交了很多特别好的朋友，建立了
特别好的人脉。

（4）你找工作时，最主要的考虑因素是什么？

大多数人找工作时，不是过多强调该单位在行业中的地位、
自己的兴趣和今后的发展前途，就是只强调在公司的福利待遇。

其实，招聘者真正要找的是工作表现好、真正有贡献的员工，而不是纯粹慕名、求利而来的员工。所以，有的人答复"公司的远景及产品竞争力""公司对员工生涯规划的重视及人性化的管理""合理的待遇及主管的管理风格"，就不是很适合。相对合理的答复是"工作的性质是不是能让我发挥所长，并不断成长"。虽然不存在完全正确的答复，但是回答问题时要尽量全面、详尽。

（5）你为什么想进这家公司？

可能你只是撒大网捞大鱼地寻找到一份工作，但你绝对不可能如此说明，应该顺着提问者的思路，谈谈这个公司对你的吸引力，你可以从行业的前途谈起，之后再夸一夸公司在行业中的突出地位等。但只是这样回答自然是不够的，因为这个问题本身就是一个陷阱，应聘者不应该仅仅回答这些，用人单位也并不会仅仅因为你对公司感兴趣就启用你，而是看你是否匹配你应聘的职位，这样的职位是否需要你。所以，在这个基础上还应该多多地去表现自己。总而言之。要依据具体状况尽量给面试官一个满意的答复。

（6）你觉得自己在怎样的条件下工作最有效？

这个问题考察的是应聘者对工作条件的需求。面试官可以从中了解到面试者的工作方式、影响其工作效率的因素之类的信息，还可以了解应聘者的缺点在哪里。

假如应聘者回答："无论在什么条件下，我依然会努力把工作做得最好。"这样的答案并不特别合适，至少有喊口号的嫌疑，感觉不够成熟。相对管理者和面试官很清楚，任何一个员工在工作中都会有产生情绪的时候，而你对公司的期望值和公司所能提供的工作环境的差异在哪里，你对不满意的工作环境有多大承受能力。假如你对作风强横并且听不进下属意见的上司不能忍受（假如你正是因为这个原因辞职），不妨举例说明，免得在得到了这份工作后发现面对的正是这类上司而产生心理落差，为了对自己负责，你可以具体聊聊你期望的工作条件。当然，大多数的面试官都不肯承认自己的公司存在着这样的管理者。

（7）能否简述你的个人职业生涯规划？

这个问题在很大程度上是考察你的职业稳定度。没有一家公司愿意招聘流动性很大的员工。虽然跳槽，更多的时候并非你的本意，但在回答这个问题时一定不要表露出学到知识就要离开的想法，而应表现出你踏实的一方面，简短描述你对未来职业生涯的规划。

相对大学毕业生来说，这个问题一方面看是否有基层工作的心理准备，因为没有一家用人单位不希望毕业生从基层工作做起；二是考察其对自我的规划，是否在短期内会有出国或者考研之类的打算，也就是在考查其工作的稳定性。

（8）你对薪水的期望值是多少？

相对刚毕业的学生来说，在面试中谈薪酬是个大忌。一般在大公司看来，没有经验的大学生没有资格谈薪水。何况新人的起薪都一样，就算要求，人家也不会加薪，反而招致反感。因此即便面试中提及对薪水的期望，也应该谨慎应对。可以先说明作为应届毕业生，最重要的是想锻炼能力和得到发展的机会，薪酬并不太重要。或者用"我相信公司会承认我的工作价值"这些话给予答复。如果面试官一定要一个具体数目，可以笼统地说一个区间内的年薪，最好能事先调查这一职位在人才市场上的一般薪酬水平，知道所应征公司这个职位的一般薪酬水平更好。

对跳槽的人士来说，大都期望获得比之前的工资要高或者至少持平的收入，因而就不需要避开这个话题了，可以依据自身的条件说出一个期望值。

（9）你对公司（或这个职位）有怎样的了解？

你应该有充足的准备来回答这个问题。参加面试前应从网络、媒体等各种各样的渠道尽量多地了解这家公司，还有这个行业的情况，避免说外行话，一定要让面试官看出你认真的程度和对这一次面试的重视程度。比如，有的人这样回复："贵公司在去年长达八个月的时间，都高居股王的宝座。""贵公司连续三年被××杂志评为'求职者最希望进入的企业'的首名。"或者干脆回答："不是特别清楚，能否请您做些介绍。"以上这些回答都不是很合理，道理特别简单，面试官希望求职者对求职的公司有真正的了解，而不仅仅是慕名而来。假如你这样说："贵公司有意更改策略，加大与国外大厂的OEM合作，将自有品牌的一部分透过海外经销商予以销售。"这样深入细致的回答让面试通过的概率提高许多。

（10）大学的时候，你的室友一般是一些怎样的人？

这个问题重点在考察你处理人际关系的能力。有的毕业生会在无意间流露出对他人的抱怨，给面试官留下挑剔不易相处的印象，并据此判断为你没有很好的合作精神，而这一点恰巧是用人单位都特别重视的。

（11）聊聊你的家庭

健康的心理和人格与家庭的和睦有密切的关系，并且家庭和睦、成员关系融洽也能侧面反映一个人的健全人格，以及关心他人、与他人相处的能力。反之，一个和亲人关系不好的人可能在工作中会有很多心理上的压力。

（12）为何我们要录取你

这个问题考查你怎样让对方看到你的长处。仅凭借口，是不容易让他人相信的。因此，从履历表内容或者之前的答复内容中，假如能以客观数据、具体的工作成果来加以说明，是最理想的答案。

比如，以下几种回答都是不行的："因为我深信我比其他人都优秀。""因为我的事业心特别强，希望与贵公司共同成长。""我在这个行业耕耘了八年，充足的人脉是我最大的资产。"

相对理想的回答是："您能从反映我过去工作成绩的客观数据，轻而易举地了解我全力以赴的工作态度。"这样，你就能用事实来提升面试官对你的信服度。

（13）是否去其他公司应聘

这个问题可能是在考察应聘者是不是诚实，或者用人单位已经有想录用你的想法，而在考察你的求职意向和对公司的兴趣。对这一问题你应该诚实回答，并讲明原因，假如确实想进入这一家公司，也需要明确表达出自己的意愿。

（14）此刻你可以向我提问关于公司的所有问题

在这个时候，不要谈到薪资问题。假如你对这家公司非常有兴趣，一定要准备一些向公司询问的问题，显现出你对这个公司、这个职位的兴趣和关心。比如：在公司里一般新员工要学些什么？可能遇到哪些困难？在公司里，这个职位的工作任务、以后的发展方向、自己的发展机会怎么样？公司与竞争对手的另一家公司比较，有哪些优势与劣势？能否简单介绍一下公司文化？对这个职位的应征者的具体要求是什么？自己何时能获得录用结果的消息？自己能否打电话询问相关情况？等。自然，如果你很有信心、能颇有见地提出尖锐的问题，也能让面试官发现你与众不同的独特思想。

第五章
批评讲方法，
态度要诚恳

　　每个人都会犯错，犯错就该受到批评，但不是所有的批评都能达到预期的效果。批评是让人认识到自身错误并加以改正，而不是抓住错误进行痛击的行为模式。所以，批评要态度诚恳，表达得体，保全对方的颜面。俗话说得好："人要脸，树要皮。"批评一定要注意维护他人的尊严，才能达到想要的效果。

1. 批评要讲究艺术

指责别人而不顾对方的看法，就是把你的意见强加到别人身上。这样谈话建立的基础就非常不平等，自然对方不会服你。要想使批评真正发挥作用，就应先了解一下别人是怎么想的，让对方讲述自己的看法。

如果你不同意对方的看法，很想打断对方的讲话，但请不要那样做，那样做很危险。当对方有许多话急着说出来的时候，是不会接受你的意见的。因此批评他人之前应给对方申辩、讲缘由、说看法的机会。

芭贝拉·魏尔生和他女儿洛瑞的关系快速地恶化下去，洛瑞过去是一个很乖、很快乐的小孩，但是到了十几岁却变得很不合作，有的时候，甚至喜欢与人争辩。魏尔生太太教训过她，恐吓过她，还处罚过她，但是所做的一切都收不到效果。

一天，魏尔生太太放弃了一切努力。洛瑞不听她的话，家事还没有做完就离家去看她的女朋友。

在女儿回来的时候，魏尔生太太本来想对她大吼一番。但是她已经没有发脾气的力气了。魏尔生太太只是看着女儿并且伤心地说："洛瑞，你为什么会变成这样？"

洛瑞看出妈妈的心情，用平静的语气问魏尔生太太："你真的要知道？"

魏尔生太太点点头，于是洛瑞就告诉了妈妈自己的想法。开始还有点吞吞吐吐，后来就毫无保留地说出了一切。

魏尔生太太从来没有听过女儿的心里话，她总是告诉女儿该做这该做那。当女儿要把自己的想法、感觉、看法告诉她的时候，她总是打断她的话，而给女儿下达更多的命令。

魏尔生太太开始意识到，女儿需要的不是一个忙碌的母亲，而是一个密友，让她把成长的苦闷和混乱发泄出来。过去自己应该听的时候，却在盲目地讲，从来都没有听她说话。

从那次以后，魏尔生太太想批评女儿的时候，就总是先让女儿尽量先说，把她心里的事都告诉自己，她们之间的关系大为改善。不需要更多的批评，女儿再度成为愿意合作的人。

听对方多说，试着去了解对方，从对方的观点来看待事情，就能使你们之间减少摩擦。

记住，当对方完全错误却不愿承认时，不要责备对方，试着去了解对方的想法、原因、事由等，查出那个隐藏的原因，你就等于拥有解答其行为、形成其性格的钥匙。

试着设身处地考虑，问自己："如果我处在对方的情况下，我会有什么感觉，有什么反应？"那你就会节省不少苦恼的时间。

奥斯特洛夫斯基说过："批评，这是正常的血液循环，没有它就不免有停滞和生病的现象。"我们每一个人都不是生活在真空里，就像我们的身体不可避免地会沾染许多病菌一样，在我们的思想意识和言谈行为上，也会不可避免地出现一些缺点、错误，积极开展批评，才能使我们保持身心健康。但是，在开展批评时，一定要讲究方式、方法，这里也有艺术性。

那么，采取什么样的批评方式才会取得好的效果呢？

（1）体谅对方的情绪，取得对方的信任

这是使批评达到预期效果的第一步。"心直口快"作为人的一种性格来说，在某些方面的确可体现出它的优点，但在批评他人时，"心直口快"者往往不能体谅对方的情绪，只图一时"嘴快"，随口而出，而被批评者的心中却被蒙上了一层阴影也失去了对批评者的信任。所以当你在批评他人时，不妨学会从对方的角度来看问题，设身处地地站在对方的立场考虑一下，自己是否能接受这种批评。如果所批评的话自己听来都有些生硬，有些愤愤不平，那么就该更换、修改措辞。

另外，也要考虑场合问题。不注意场合的批评，任何人都不会接受的。

（2）诚恳而友好的态度

批评是一个敏感的话题，哪怕是轻微的批评，都不会像赞扬那样使人舒畅，而且，被批评者也容易用挑剔或敌对的态度来对待批评者。所以，如果批评者态度不诚恳、居高临下或冷峻生硬，都易引发矛盾，与被批评者产生对立情绪，使批评陷入僵局。

因此，诚恳而友好的态度就像一剂润滑剂，往往能减少摩擦，使批评达到预期效果。

（3）用含蓄的批评来激励对方

英国18世纪著名评论家约瑟·亚迪森曾说："真正懂得批评的人看重的是'正'，而不是'误'。"这里所说的"正"，实际上就是惩恶扬善，从正面加以鼓励，也就是一种含蓄的批评，能使批评对象不自觉地改正自己的错误和缺点。可以说从正面鼓励对方改正缺点、错误的间接批评方法，比直接批评效果会更快、更好，更易于被接受。

缺点每个人都有，只有认识到自己的缺点才有可能进步。自己认识不到就得靠别人来帮助，这就是批评的价值所在。所以，让对方认识到批评的正面引导作用才不会使批评成为矛盾的爆发点。

2.　选择不同的批评方式

说话要灵活，批评和训诫当然也要灵活，适度的批评能使批评达到最好的效果。批评也要看对方的性情如何，因人、因事、因时而选择不同的批评方式。

（1）批评要因人而异

不同的人由于经历、文化程度、性格特征、年龄等的不同，接受批评的方式和承受能力也有很大的区别。这就要根据不同批评对象的特点，采取不同的批评方式。

不同的人对于同一种批评，会产生不同的心理变化。因为不同的人，性格与修养都是有区别的。

根据人们受到批评时不同的反应，可以将人分为迟钝型反应者、敏感型反应者、理智型反应者和强个性型反应者。反应迟钝的人即使受到批评也满不在乎；反应敏感的人，感情脆弱，脸皮薄、爱面子，受到斥责难以承受，往往脸色苍白，神志恍惚，甚至会从此一蹶不振、意志消沉；理智型反应者在受到批评时会感到有很大的震动，能坦率认错，从中吸取教训；较强个性型反应者自尊心强、个性突出、遇事好冲动、心胸狭窄、自我保护意识强、心理承受能力差，明知有错，也死要面子，受不了当面批评。

针对不同特点的人要采用不同的批评方式，对自觉性较高者，应采用启发式自我批评法；对思想比较敏感的人，要采用暗喻批评法；对性格耿直的人，采取直接批评法；对问题严重、影响较大的人，应采取公开批评法；对思想麻痹的人应采用警示性批评法。在进行批评时忌讳方法单一、生搬硬套，应灵活运用批评的方法。

正确的批评要求细致周到、恰如其分，普遍性的问题可以当面进行批评，对于个别现象就应私下进行。另外，也可以事先与之谈话，帮其提高认识，使其明白矛头不集中于"我"也就没有抵触情绪，更有助于其主动在"大环境"中认识并改错。另外，还要避免粗暴批评。

对下属的粗暴批评不会产生好的效果，员工听到的只是恶劣言语，这使他们的心中充满了不服和哀怨，更易其产生逆反心理，最终不利于问题的解决。

要学会运用"胡萝卜加大棒"的策略，防止出现只知批评不知表扬的错误做法。在批评的同时也要对好的部分加以表扬，可以缓和批评中的紧张气氛。

批评的语言要含蓄、委婉。用弦外之音巧妙传达本意，揭示批评内容，引人深思，促人领悟。万万不可直截了当地说出批评意见，开门见山点出对方要害。

在批评时，可以运用多种方法。如：

通过列举分析历史人物是非，衬托其错误；

通过列举和分析身边的人物的是非，暗喻其错误；

通过分析正确的事物，比较其错误；

还可采用故事暗示法，用生动的形象增强对其的感染力；

笑话暗示法，通过一个笑话，使对方认识错误，既有幽默感，对方又不至感到尴尬；

轶闻暗示法，通过轶闻趣事，影射对方行为，对方也易于接受。

总之，通过提供多角度、多方式的比较，使对方反思领悟，从而自觉愉快地接受批评，改正错误。

对于十分敏感的人，可先承认自己有错，再指出对方的错。态度要谦虚，谦虚的态度可以使对方的抵触情绪消除。例如，"这件事，你办得不对，以后要注意了。不过我年轻时也不行，经验少，也出过很多问题，你比我那时强多了。"

有时一些问题一时未搞清，涉及面大则批评更要委婉含蓄。先表明自己的态度，让被批评者从模糊的语言中自己发现错误。但是，对严重的错误，应当严厉批评。另外对于执迷不悟者和经常犯错者，都应作例外处理。

（2）选择适宜的时机

①批评需要一定的前提。首先批评和接受批评的双方应该以足够的信任为基础，如果无法取得对方的信赖，即使批评者所持的见解确实言之有物、见解精辟，却依然无法令对方折服。其次，批评者必须有纯正的动机和建设性的意见，在进言之前先要确定自己的言行对对方有所帮助，而且确能发挥实际效用。有许多批评，经常以"我只是想帮助你"为由，事实上却是为了一己之私。再次，批评者和被批评者之间的关系稳定，有批评的理由，且批评者又有足够的时间分析自己的看法。

真理并不是任何人所能垄断或独占的，当我们观察别人时，总免不了以个人有限的经验和一己的需求作为衡量尺度，难免有所偏颇，最好的办法就是在提出批评之前，先请教第三方，使你的言论更能切合实际、合乎客观。

②时机必须恰当。当一个人心平气和地以客观立场发言时，就是谈话的恰当时机。假若心中充满不平，随时可能大发脾气，那么最好先让自己冷静下来，因为过分情绪化的表现，对双方都有害无益。

掌握事情发生的时效，在人们记忆犹新之时提出批评。假如你在事情发生几个月以后才提出来，这时人们的记忆已经模糊，你的批评反而容易使对方留下偏颇不公的印象。

考虑对方的心理状态。应该在对方事先已有心理准备，并且愿意聆听的情况下，提出批评。假若对方情绪低落，那就等到对方恢复冷静时再说出你的看法，假若对方向你寻求帮助，你也应该尽可能把事实告诉对方。

（3）用词要恰当

"你是骗子""你太没有信用"，这样的话，除了刺伤对方和使自己恼怒之外，没有别的好处。批评对方只要讲事实即可，即使是对方没有信用也不能当面斥责。此外，千万不要否定部属的将来。"你这人以后不会有多大出息"，"你这样做没有人敢娶你"，"你实在不行"……领导不该说出这样的话，而要以事实为根据，就事说事，就部下目前情形而论。

避免人身攻击，这容易引起对方的不满，甚至导致冲突，妥当的方法是说出具体的事例，如"你的报告，比预计的进度慢了两天。"

3. 适可而止，见好就收

一般来说，批评要适可而止，而非置对方于死地。因为我们批评人的目的是为了救人、帮助人。一个人犯了错误，我们能提醒对方就行了，再翻来覆去地批评就没有必要了。将过去的错误翻出来，纠缠不休，不仅于事无补，而且也显得有些愚蠢。

心理学研究表明，反复批评同一件事，就会失去作用。有的人在批评他人时，总觉得自己占了理，批评个没完没了，其实这是低效的方法。有经验的人在批评他人时，只会点到为止，也不会新账旧账全拉出来，让人难以招架。批评的话一经点明，对方已经明白并表示考虑或有诚意接受，就不必再说下去了。如果只图"嘴巴过瘾"，说个没完没了，就可能起到相反的作用。

一名车间工人，因为工作中的失误，受到了通报批评的处分。后来，他和一名同事吵了一架，于是车间主任找他谈话，对他进行批评，可是刚谈了几句话，就宣告谈话失败。

车间主任一见面就对这位工人说："你对同事大打出手，可真够厉害的啊，胆子可真大！"

工人意识到自己的错误，并为此而感到悔意，但有些词穷："我……"

车间主任打断他的话："你怎样，上次那个通报你还记得记不得？"工人一听到这里就火了："那你就再给我一个通报吧！一个我抱着，两个我背着！这总行了吧！"然后头也不回地摔门而出。车间主任："你……"

批评不是存款，时间越长利息越多，总是翻旧账唠叨个没完于做事没有任何帮助，批评别人宜就事论事，不要新账旧账一起算。在交谈结束后说上几句勉励的话，就会让被批评者认识到自己的错误，并将错误转化为有益的经历，避免错误再次出现。

"话说三遍淡如凉水"，对于一个已知的错误，一次提醒就够了，一而再再而三地提起完全是没有必要的，还有可能会引起别人的反感。而且说得多了，别人就会认为你对他抱有成见或者别有用心。

在点到为止这一点上，著名教育家陶行知先生为我们做出了榜样。一次一位女同学在交上来的考卷中做了"小动作"，她以为老师发现不了，就想瞒天过海地占点小便宜，却被陶先生看出了问题，但陶先生并没有对此说什么，只是在那个"小动作"上重重地画了一个圈。女学生明白了老师的意思，惭愧不已。多年以后，当那位已成才的女同学再和陶先生相见时说："从那件事以后，我才决心用功学习，才决心做一个诚实的人。"

陶先生的"点到为止"，暗示女学生要改正错误，努力做一个诚实的人。这样一来既没有伤害到女学生的颜面，同时也达到了帮助她纠正错误的目的。

所以，批评语点到对方明白就好，毕竟你的目的已经达到，如果你不懂得见好就收，则会适得其反。

4. 批评前先赞美对方

美国著名人际关系学大师戴尔·卡耐基说："矫正对方错误

的第一方法——批评前先赞美对方。"批评前先赞美，能化解被批评者的对立情绪，使其乐于接受批评，达到预想效果。

是的，面对批评和赞美，我们近乎本能地拒绝前者而喜欢后者，因为人类最深层的本性就是渴望得到别人的认同。听到批评心里自然会感到难过，也会有意无意地以种种方式来拒绝、逃避批评。其实这不仅仅是因为批评者缺乏语言表达能力，更重要的是批评和赞美本身会使人产生两种相反的心理。

但在我们传统的理念中，批评是以批为主，主要是针对问题和缺点，加以直接或间接的揭露和评判，并在批评中指出症结、点明错误、教给方法、督促整改。其实，给批评穿上赞美的外衣，对纠正一个人的错误会更有效，因为这样做，不会损伤一个人的尊严和自尊心，也给他人保留了脸面。

布诺亲王就深切地感觉到运用这种方法的重要。当时，德皇威廉二世在位，他目空一切，高傲自大。他建设陆、海军，欲与全世界为敌。于是，一件惊人的事情发生了！德皇说了许多令人难以置信的话，震撼了整个欧洲，甚至影响到全世界。最糟糕的是，德皇还将这些可笑、自傲、荒谬的言论在到英国做客时当众发表出来，并允许《每日电讯》照原意在报上公开发表。

比如，他说他是唯一一个对英国友善的德国人；他正在组建海军想对付日本；凭借他的力量，完全能使英国不屈辱于法、俄两国的威胁之下；由于他的计划，英国诺伯特爵士才能在南非战胜荷兰人……

在当时的和平时期，欧洲没有一位国王会说出这样的话。从那时起，欧洲各国顿时哗然。英国人非常愤怒，而德国的那些政客们更是为之震惊不已。

事后，德皇也意识到了事态的严重，为了让自己脱开干系，他只能请布诺亲王代他受过，宣称一切都是布诺亲王的责任，是他建议德皇说出那些话来的。

可是，布诺亲王却当即反驳说，德国人或英国人不会相信这是布诺亲王的主意。布诺亲王说出这话后，马上意识到自己犯了一个严重的错误。果然，如他所想，他激怒了德皇。德皇认为布诺亲王在辱骂他。

布诺亲王明白应先称赞，然后再指出他的错误，可是为时已晚。没办法，他只好做第二步努力：在批评后，再加以赞美。布诺亲王开始夸奖德皇，说他知识渊博，远比自己聪明，德皇脸上慢慢地露出笑容。布诺亲王抬高了德皇，贬低了自己。经布诺解释后，德皇宽恕并原谅了他。最后，德皇只好自己去收场。

我们都知道，赞美能让人谦虚，又能建立友善的气氛。在批评别人前，应先提及别人的优点，这会让对方感到轻松愉快，消除刺激和敌意，使后面的批评更易被接受。

心理学研究发现，在错误已知的情况下，再针对错误进行重复式批评，并不会起到好的教育效果，反而会使犯错者要么产生逆反心理，对错误不以为然、我行我素；要么产生自卑心理，对未来失去信心、自暴自弃。其实，每一个人都会犯错误，但犯错并不是有心，做好才是每个人的追求。如果我们给批评穿上赞美的外衣，对纠正一个人的错误更有效，因为你用赞美表明了你的真诚，同时也打开了对方的心扉。

5. 委婉的批评更有说服力

有许多时候，我们往往会遇到不便直言之事，只好用隐约闪烁之词来暗示。

说话直言不讳是许多人所推崇的，但是生活中，并非处处都能直说，有时非得含蓄、委婉一些，才能使表达效果更佳。"直道跑好马，曲径可通幽"，各有各的妙处。

一辆电车上人很多，而这时又上来一位抱小孩的妇女。于是售票员对乘客说："哪位同志给这位抱小孩的女同志让个座？"但没想到她连喊两次，无人响应。售票员站起来，用期待的目光看了看靠在窗口处的几位青年乘客，提高嗓音："抱小孩的女同志，请您往里走，靠窗口坐的几位小伙子都想给您让座儿，可就是没看见您。"话音刚落，"呼啦"一声，几位小伙子都不约而同地站了起来让座。这位女同志坐下之后，只顾喘气定神，忘记对让座的小伙子道谢，小青年面有冷色。售票员看在眼里，心里明白，她忙中偷闲，逗着小孩说："小朋友，叔叔给你让个座儿，你还不谢谢叔叔。"一语提醒了那位妇女，连忙拉着孩子说："快，谢谢叔叔。"那位小青年听到小孩道谢时，脸色由冷变喜，连声说："不客气了。"

生活中，要理解人们的合理需要，尊重他人的自尊心，只有这样才能把话说到别人心坎里去。如果不能根据交际对象的心理，选择恰当的语言形式，话一出口先挫伤他人的自尊心，必然引起对方的不快，甚至争吵。试想，售票员请人让座时说："那么大小伙子一点也不自觉。"在劝女同志道谢时说："别人给你让座，你也不知道说个谢"，后果会如何呢？

批评是一种艺术，批评别人而要使其口服心服，就要讲究窍门，下面谈谈一些可行的批评的办法。

（1）请教式批评

有一个人在一处禁捕的水库网鱼。远处走来一位警察，捕鱼者心想这下糟了。警察走来后，出乎意料，不仅没有大声训斥，反而和气地说："先生，你在此洗网，下游的河水岂不被污染了？"这番话令捕鱼者十分感动，连忙道歉。

（2）暗示式批评

某单位工人小王要结婚了，工会主任问他："小王，你们的婚礼准备怎么办呢？"

小王不好意思地说："依我的意见，简单点，可是丈母娘说，她就只有这个独生女……。"主任说："哦，咱们单位还有小李、小张都是独生女。"这段话双方都用了隐语。小王的意思是婚礼是不得不办。而主任则暗示：别人也是独生女，但能新事新办。

（3）模糊式批评

某单位为整顿劳动纪律，召开员工大会，会上领导说："最近一段时间，我们单位的纪律总的是好的，但也有个别同志表现较差，有的迟到早退，上班吹牛谈天……"这里，用了不少模糊语言："最近一段时间""总的""个别""有的""也有的"等。这样既照顾了面子，又指出了问题。它没有指名道姓，并且说话又具有某种弹性。通常这种说法比直接点名批评效果更好。

（4）安慰式批评

年轻的莫泊桑向著名作家布耶和福楼拜请教诗歌创作。两位大师一边听莫泊桑朗读诗作，一边喝香槟酒。布耶听完说："你这首诗，句子虽然疙里疙瘩，像块牛蹄筋，不过我读过比这还坏的诗。这首诗就像这杯香槟酒，勉强还能喝下。"这个批评虽严厉，但有余地，给了对方一些安慰。

（5）渐进式批评

渐进式批评就是逐渐输出批评信息，有层次地进行批评。这样可以使被批评者对批评逐渐适应，逐步接受，不至于一下子接受不了批评背上沉重的思想包袱。

（6）委婉式批评

委婉式批评又叫间接式批评。它一般都采用借彼批此的方法声东击西，让被批评者有一个思考的余地。其特点是言语蕴藉，不伤被批评者的自尊心。

（7）指出错时也指明对

大多数的批评者，往往是把重点放在指出对方"错"的地方，但却不能清楚指明"对"应怎么做。有的人批评人家说："你非这样不可吗？"这是一句废话。因为没有实际内容，只是纯粹表示个人不满意。又如一位丈夫埋怨妻子说："家里一团糟，又有客人要来，你怎么只管坐在那儿化妆？"这种话也不会起作用，他并未提出解决方案。

（8）别忘了用"我"字

一位女工对其工友说："你这套时装，过时了，真难看。"这只能是主观意见，他人未见得有同感。正确的表达方式，应当说明是你个人看法，仅供参考。这样，人家比较能听得入耳，甚至有兴趣了解一下你为什么有此看法。

（9）克制"我"的情绪

批评之前首先要观察自己，心情紧张吗？对对方心存不满吗？把你的感受——愤怒、埋怨、责怪、嫉妒等先清理掉。有经验的批评家认为，未开口批评人家之前，先检讨一下自己所持的态度，是积极还是消极？情绪不好是很难掩饰的，而这种情绪有极强的传染力。一旦对方感觉这一点，会立刻激起同样的情绪，抛开你的批评内容，计较起态度，这种互为影响的情绪会把批评带入僵局。

事实上，每个人都不愿接受批评，但只要掌握了批评语言的技巧，每个人也都会乐意接受批评。

6. 批评要学会变"害"为"利"

如果你希望你的批评可以取得良好的效果，就要在方法上下功夫。一个人犯错后，最难以接受的就是大家的群起攻之，这样势必会伤害这人的自尊心。怎样批评，实际是一种说服的技巧，是一门沟通的艺术。批评的目的意在打动对方，使对方能认识到自己的错误，回到正确的轨道上，而不是贬低对方，即使你的动机是好的、是真心诚意的，也要注意方式和场合等问题。

良药苦口利于病，但在现实生活中，扶正匡谬的批评的确不易为人所接受，甚至成了难以下咽的"苦药"。批评得好，人家接受；反之，麻烦缠身，成了不受欢迎的人。因此，批评要学会变"害"为"利"，使"硬接触"变成"软着陆"，即在"苦药上抹点糖"，看似失去了锋芒，但却药性不减。

王东进公司不到两年就坐上了部门经理的位置，但是有个别下属不服他，有的甚至公开和他作对，钱诚就是其中一位。自从王东做了部门经理之后，钱诚经常迟到，一周五天，他甚至四天都迟到。按公司规定，迟到半小时就按旷工一天算，是要扣工资的。问题是，钱诚每次迟到都在半小时之内，所以无法按公司的规定进行处罚。王东知道自己必须采取办法制止钱诚这种行为，但又不能让矛盾加深。

王东把钱诚叫到办公室。"你最近总是来的比较迟，是不是有什么困难？""没有啊，堵车又不是我能控制的事情，再说我并没有违反公司的规定呀。""我没别的意思，你不要多心。"王东明显感觉到了对方的敌意。"如果经理没什么事，我就出去做事了。""等等，钱诚你家住在体育馆附近吧。""是啊。"钱诚疑惑地看着对方。"那正好，我家也在那个方向，以后你早上在体育馆东门等我，我开车上班可以顺便带你一起来公司。"没想到王东说的是这事，钱诚反而有些不好意思，喃喃地说："不，不用了……你是经理，这样做不太合适。""没关系，我们是同事啊，帮这个忙是应该的。"王东的话让钱诚脸上突然觉得发烧，人家王东虽然当了经理，还能平等地看待自己，而自己这种消极的行为，实在是不应该。事后，钱诚虽然还是谢绝了王东的好意，但他此后再也不迟到了。

在批评的过程中，适时地采取先表扬后批评的方式，为对方树立改正错误的信心及全新的自我形象。只要对方得到的信息是优点被肯定的，即使有错误也能很容易地接受批评，并很快地改正。所以批评的艺术可以被称为一种为人处世的基本修养。

批评和骂人不同，它们之间有着本质的区别，骂人是气急败坏的表现，是无赖的表现，这不需要多大水平，在大街上扯个泼妇，肯定能骂得十分出彩。只是，骂人的行为除了让被骂者受伤，或者被路人耻笑之外，没有多少意义。而批评不同，批评的过程是批评者站在一个公正的立场，站在一定的高度，通过摆事实、讲道理来对事情的对错进行论证的过程，它应该有严谨有力的逻辑。因此，我们是万万不可把骂人的行为扯进批评的范畴。

批评别人，就要给别人信服的理由。作为批评者，首先要加强自身的文化修养，对批评的方向，要有自己独到的眼光和见解，要公正地看待问题，而不能以党同伐异的态度去行事。在批评的过程中，我们要坚持正确的意识形态，有自己的鉴别能力，真诚地向批评对象提出自己的意见，并为对方指明努力的方向。只要我们的见解是正确的，意见是真诚的，态度是诚恳，别人又怎会不接受批评呢？

批评，顾名思义既要批也要评。批是批判，评是评价，因此，批评不能光批不评。

金无足赤，人无完人。只要是人，就可能犯错误，任何有上进心的人都不愿意犯错，要批评一个人的错误时，最好让对方发觉自己的错误。批评的目的也是为了要帮助对方，而不是为了贬低对方。因此批评以适可而止、给对方留有余地的方式为好，对方也会感谢你的宽容。

7. 批评他人一定要悠着点

常言道："忠言逆耳，良药苦口。"对于被批评者而言，即使你的批评很中肯，也容易使其自尊心大大受挫，而产生反感气愤等消极情绪。因此，在批评他人时，应该态度温和，尽量在不伤害对方自尊心的前提下做出适当的批评。

　　有一个外地小伙子初次到北京，手里拿着地图就上了公共汽车，问售票员某地怎么走。售票员说："坐反了！手里拿着地图还坐错车，真是的！"小伙子脾气很好，没有搭话，想着到下一站下车再换车。

　　可坐在小伙子旁边的一位大爷看不过去了，便对小伙子说："你到下一站换乘某某路车也可以到达。"这句话真地道，一方面挽回了北京人的面子，另一方面又安慰了小伙子。话说到这也算是有了个完美结局，可是偏偏这位大爷又加了一句："现在的年轻人啊，真是越来越不像话了。"听到大爷这么一说，坐在前面的一位染着金黄色头发的姑娘却不乐意了，于是接着说道："大爷，您别打击一大片啊！"说完又在后面加了一句："这么大岁数的人了，满肚子坏水，真是的！"话是不怎么招人喜欢，如果没人再站出来说话，事情也就到此结束，可爱打抱不平的人很多，恰巧边上一位中年妇女就是，这不，说话了："哎，年轻人不应该这样对老人说话，多不文明啊！应该尊重老人嘛！"这话说得多在理啊，让人听着也舒心，可是这位大姐觉得不过瘾，后面又接着说了一句："看你这样，头发染得黄黄的，跟鸡似的，估计你爸妈也管不了。"这下车上可热闹了。

　　小伙子觉得很不好意思，一切都是自己引起的，自己得出来说几句。"大家都别吵了，都是我的错。"这么一说大伙都安静了，可是小伙子叹了一口气又补了一句："早知道北京人都这样没意思，打死我也不来了。"小伙子话音刚落，车上的北京人一致对外，开始说小伙子的不是。

　　说批评话要注意分寸，如果有必要指责对方态度，只要就事论事就足矣。如果为了自己心里过瘾，再多加上一句"多余"的话，就会引起别人极大的反感，当然了，这么一来，口舌之争是免不了的，拳脚相加也是不无可能的事。因此，我们在批评他人时，一定要悠着点，特别是以下几点一定要避免发生：

　　（1）无凭无据，捕风捉影

　　批评的前提是事实清楚、责任分明、有理有据。但是，在现实中常常见到有的领导批评下属，事先不调查、不了解，只凭一些道听途说，或者恶意的"小报告"就信以为真，胡乱批评人，结果给人留下"蓄意整人"的坏印象。

　　（2）大发雷霆，恶语伤人

　　人人都有自尊心，即使犯了错误的人也是如此。批评时要顾及他人的自尊心，切忌落井下石。因此，批评人时应当心平气和。不要横眉怒目，别以为这样能显示批评者的威风，实际上，这样做最容易伤害对方的自尊心，导致矛盾激化。因此，批评人应力戒发怒。当你怒火正盛时，最好先别批评人，待心情平静后再做评断。

　　切忌讽刺、挖苦、恶语伤人。

　　（3）喋喋不休，没完没了

　　批评并不是让你说个没完没了，也不是说得多才能达到纠正他人错误的目的，很多时候说得多反而抓不住问题的实质，也不易让人接受。相反，能够一针见血地指出错误实质便可让人心悦诚服。

批评的目的只是为了让对方明白错误并加以改正，并不是让我们把错误放大化。

第六章
以理服人，
掌握说服他人的话语权

　　说服之难不在于必须见多识广或表达之雅，而在于看透对方的心，并在此基础上巧妙地表达自己的看法。好口才的人，总能流利地把自己的思想、意图准确表达出来，这种人往往受到大家的欢迎，很容易达到预定的目的。在说服的过程中，要想使说服卓有成效，就要学会揣测对方的心理，掌握说服对方的话语权。

1.　循循善诱，攻心为上

很多时候，我们很难直接、有效地说服别人，这时，我们应该采取迂回战术，避开正面的语言交锋，而从侧面寻找突破口，循循善诱地说服别人。迂回诱导能增强说服力，激起对方思想上的波澜，让对方在思考中明白事理。

登山之路，迂回曲折，多绕一点路，反而能顺利达到山顶；以诱导技巧说理，尽管多费一点口舌，却能使对方心悦诚服。请看下面这个事例：

赵惠文王驾崩，由孝成王继位。当时孝成王还年幼，就由他的母亲赵太后摄政。秦国趁机大举攻赵，赵太后转而向齐国求援。齐国提出了严苛的条件——一定要以长安君作为人质，否则就不出兵。长安君是孝成王最小的弟弟，赵太后最小的儿子。

赵太后听了坚决拒绝了齐国的要求，无论重臣们如何竭力劝谏她都不答应，还说："如果再有人让我把长安君送去当人质，我就将口水吐到他的脸上。"然而，左师触龙却以迂回诱导、寓情于理的方法，说服了赵太后。

左师触龙故作若无其事的样子，慢慢地走进殿中，抱歉地说："我的脚有点毛病，行走困难，所以许久未向您请安，但又担心太后的健康状况，所以前来晋见……"

"我都是以车代步。"太后说。

"那饮食方面呢？"

"都是吃粥。"

"我最近也是食欲不振，所以我每天要散散步，以增加食欲，也可以使身体健康一些。"

"我可不能像你那样。"

一阵寒暄之后，赵太后的表情才稍稍缓和了下来。

触龙又说："我有个小儿子，名叫舒祺，非常不成材，真叫我感到困扰。我的年纪也大了，希望在我有生之年向太后请求，给他个王宫卫士的差事，这是我一生的愿望啊！"

"可以，他今年几岁了？"

"15岁，或许太年轻了，但我希望能在生前将他的事情安排好……"

"看来你也是疼爱小儿子的。"

"是啊，而且超过了做母亲的。"

"不，母亲才是特别疼爱小儿子的。"

触龙以为小儿子舒祺谋事做借口，终于引出了赵太后的小儿子——长安君的话题："是吗？我觉得太后比较疼爱长安君嫁到燕国的姐姐。"

"不，我最疼爱的是长安君。"

触龙说："如果疼爱孩子，一定要为他考虑到将来的事。当长安君的姐姐出嫁时，你因不忍离别而哭泣，之后又常常挂念她的安危而掉泪，每当有祭拜时，你一定会祈求她不要因失宠而回赵国，她的子孙都能显能达贵，继承王位。"

"是啊，是这样的。"

"那么请你仔细想想看，至今为止有哪位封侯的王族能持续三代而不没落的。"

"没有。"

"不只是赵国，其他的诸侯怎么样呢？"

"也没有听说过。"

"为什么呢？所谓祸害近可及身，远可殃及子孙。王族的子孙并非全是品行不良者，但是他们没有功绩而居高位，没有功劳而得到众多的俸禄，其最终结果就是误了自己。现在您赐给长安君以崇高的地位、肥沃的封地，却不给他建立功绩的机会，您百年之后，长安君的地位能保得住吗？所以我认为您并没有考虑到长安君的将来，您所疼爱的是长安君的姐姐。"

赵太后被触龙的话说服了："好吧，一切就按照你的意思去做！"

左师触龙运用迂回诱导的方法，一步步地说服了赵太后。

在日常生活中也有这样的例子：当你要求别人做一件事，或是指责别人哪里有过失的时候，你要尽量选择对方有回旋余地的话，把主动权交给对方。例如某一员工衣帽不整，有碍企业形象，你可以说："这样挺好的，但如果能再把这个颜色换一下，会更好些。"这样的话语员工会更乐于接受，也就能心悦诚服地改正。

委婉的语言表达自己的意思，听者感到合情合理，就容易达到自己的目的，也给人以教育或启迪。

在实践中，迂回诱导法主要用于以下两种情形：

（1）对方提出的问题，你不能如实答复，也不便直接否定的，不妨借用对方的观点做出迂回的表达。

（2）如果论证不理性，难以接受，也可以非理性地提出对抗性的命题，当对方表示质疑的时候，便能以此反驳其原来的结论。

在说服别人的过程中，不能只讲空洞的大道理，而应该把道理讲得具体而生动，循序渐进地把道理说明白，诱导听者进行思考，使听者在思考中接受你的说服。迂回委婉的表达方式，还可以增强语言的丰富性和生动性，达到"言有尽而意无穷，众意尽不在言中"的效果。

2. 了解对方，引起共鸣

学会通过聆听对方的诉苦拉近与对方的距离。当我们试图说服对方时，一定要注意聆听对方的理由，成为对方的烦恼分担者，这样，说服起来才能水到渠成，对方也会乐意接受。

在劝说别人之初，把发言权给对方，了解对方的想法和要求，通过满足对方的要求达到说服的目的，不失为一种说服办法。

很多人都不喜欢听别人唠叨，所以也不愿认真地倾听，即便建议是合理的、有利的，对方也会觉得烦。有经验的说服者，会十分乐意做一个好听众，甚至会先放下自己的事情，聆听对方的牢骚。而对方就会因感受到说服者贴心的关怀，自觉地向其靠近，并乐意接受其建议。

约翰和麦克是邻居，两家的花园连在一起，中间只象征性地隔了一道篱笆。其实，篱笆非常简易，麦克家的狗可以从那里钻来钻去。这只活泼可爱的小狗有个陋习，那就是经常钻过篱笆，到约翰家的花园里方便。对此，约翰太太有些不高兴，整天清理这些东西，既脏又累。于是，她决定与麦克太太谈谈，让他们管好自己的小狗。

约翰太太来到了麦克家时，麦克太太正坐在藤椅上生闷气。原来，麦克先生昨天忘记了她的生日，没有给她买礼物，而今天早上也没有为此事向她道歉。这让约翰太太很尴尬，她坐下来，决定陪这位邻居谈谈天。

女人在一起有很多的话可说，而麦克太太又在气头上，更是有千言万语想向人吐诉。她不住地抱怨自己的丈夫如何粗心，如何忽视她的存在，自己的孩子又如何调皮，如何不听管教，以及生活中其他烦琐的小事情。在整个过程中，约翰太太始终微笑着听她诉说，从没有打断她的话，更没有提起自己此行的目的。渐渐地，麦克太太心情舒畅了，两位太太决定一起到花园里散步。

当她们来到约翰家的花园里时，小狗正好在方便，麦克太太非常尴尬，连忙道歉，并叫出了自己的小狗。约翰太太先安慰她说不要紧，并请她以后看好自己的小狗。麦克太太当即保证，以后再不会有这样的事情发生。

在这个例子中，约翰太太就是通过聆听的方式，表示了对对方的关注，从而获得了对方的好感。在此好感的基础上，她不失时机地提出了自己的要求，麦克太太自然会很爽快地答应。并且，自此之后，两家邻居和平共处，两位太太经常在一起谈心，成了亲密的朋友。

试想，如果约翰太太一到麦克家，就直截了当地提出自己的要求，势必会让本来就不高兴的麦克太太心里更不高兴。麦克太太可能会嘴上答应着，实际上却睁一只眼闭一只眼的，不会对自己的小狗管得很严格，并且，两家邻居的关系也会因此受到影响，对约翰太太来说，这实在是得不偿失的。而通过聆听的方式，约翰太太不仅达到了目的，还进一步改善了邻里关系，实在是一举两得的好事。

另外，要想让别人听你的，就要抓住问题的关键把话说得在情在理。

在说服别人时，如果一味地讲一些大道理，对方就会觉得你这个人挺啰唆的，对方觉得你烦，又怎么会听从你的建议呢？

但是，如果你能抓住问题的关键，把话说得在情在理，让对方明白你所说所做的其实是为其着想，那么，对方就会认真考虑你的建议，并最终为你的建议所打动。

成语"毛遂自荐"的主人公毛遂，就是用这种方式，打动了楚王，并最终说服楚王同意与赵国联手，共同对抗秦国。

战国后期，秦国围攻赵国首都邯郸，赵国无力解围。于是，赵王派相国平原君到楚国，希望楚国能够跟赵国联手，共同对抗秦国。平原君带了20个随员，其中就有自我推荐的毛遂。

到了楚国后，平原君拜见楚王，跟他谈判联手之事。可是，他们从一大早就开始谈，一直谈到中午，也没谈出个所以然来。随员们都等急了，在外边不住地转来转去。

这时，毛遂手握宝剑，走到楚王面前，义正词严地说道："商汤以七十里之地而统一天下，周文王以三十里之地而收服诸侯，他们取得成功，难道是因为他们人多势众吗？他们之所以能够取得那样的战果，是因为他们善于掌握形势，并且能充分发挥自己的威力。现在，楚国方圆五千里，军队有百万人之多，这正是争王夺霸的资本。以楚国的强大，天下没有哪个国家可以争锋抵挡。秦将白起，是一个庸劣无知的小人，他带几万人攻打楚国，攻下楚国的鄢、邱二都，焚烧楚先王的墓地，楚王被迫迁都。这真是百代不解的深仇大恨，赵国都为楚国感到羞耻，而你身为楚国嗣君，反而一点都不惭愧。联合抗秦，既是为了解赵国之围，也是为楚国报仇雪恨，望楚王能够快下决定，早日发兵。"

毛遂的这几句话，正好说到了楚王的心里去。他先恭维楚国的强大，让楚王没有后顾之忧，并且以商汤和周文王为例，让楚王心中顿生唯我独尊的豪迈气概。接着，毛遂又以楚国迁都、祖坟被毁为由，激起了楚王的自尊心，使楚王产生了与秦国势不两立的念头。

最后，毛遂又指出，联手抗秦不仅是为赵国着想，对楚国也是非常有利的。至此，毛遂说服了楚王，使楚王终于出兵。打退了秦国，解了赵国之围。

平原君谈判了这么久，也没有说服楚王，而毛遂简简单单的几句话，却打动了楚王的心，为什么呢？毛遂抓住了问题的关键，把话说到了楚王心坎上。

因此，在我们试图说服别人时，要注意观察、了解对方，若能引起共鸣，就会获得事半功倍的效果。当然，最关键的是分清形势，善于揣摩对方的心理。

3. 旁敲侧击，巧妙暗示

旁敲侧击，避免正面迎敌，这不仅是兵法里的招数，也是与人交往中以守为攻的一条妙计。在说服别人时，不直接交代说服的目的，而通过曲折含蓄的语言，把自己的思想、意见暗示给对方知道。这种语言表达方式既可以达到劝说的目的，又可避免难堪，所以常被用来作为说服的有效手段。

苏秦到楚国后，过了三天，才得到楚王召见的机会。召见后，苏秦立即请辞回国。

楚王说："我久闻先生大名，见到你如同见到古代贤人。今天先生不惜千里来会见我，竟然不肯多停留，这是为什么呢？"苏秦回答说："楚国的饮食比宝玉还贵，柴火比桂木还贵，传达人像鬼一样难得一见，大王像天帝一样难得拜会。如今您是让我吃宝玉、烧桂木，靠着鬼去见天帝。"

楚王顿时很羞愧，说："请先生暂到宾馆安歇，我听命就是了。"

苏秦在这里运用的即是"旁敲侧击法"。

生活中，正面的劝告往往会使人产生逆反心理。这时，不妨独辟蹊径，换个方法来劝说，从侧面打开缺口，或许能事半功倍。旁敲侧击法是一种比较实用的好方法。旁敲侧击法一般多以人与人的感情为媒介，以人对新事物的兴趣、注意力或以列举有关事例为突破口，对其进行攻心。

荷兰物理学家彼得·塞曼，他在大学一年级时十分贪玩，物理成绩也不好，被人称为浪荡公子。为此，他的母亲很伤心。为了劝告儿子，她讲述了这样一段往事：他们的家乡位于西海岸的一个半岛上，自古以来常被大海淹没。1860年5月24日午夜，家乡又遭到了大海的侵袭，一个孕妇在孤舟上漂流了几天几夜，产下了一个男孩儿——彼德·塞曼。幸亏乡民救助，母子二人才平安无事。接着，母亲不无悲哀地说："早知塞曼是个平庸的人，我当初就不必在海浪中拼搏努力了。"塞曼听完母亲的话，羞愧万分。从此，他改掉坏习惯，努力学习，最终荣获了诺贝尔物理学奖。

有些女孩子喜欢动不动就生男友的气，以显示自己有个性。如果这个女孩儿是父母的掌上明珠，或是兄长的娇妹妹，就更是不能容忍别人对她的不满。有些痴情的男孩子因为自己的某句话引起女友的不快，生怕得罪自己的"公主"，会忙不迭地赔礼道歉，更有甚者会低声下气请求原谅。其实大可不必如此，或许采用"柔性敲打"的方法，还能让对方自己觉悟。

　　某局长的千金小徐和本单位的小张谈恋爱时，总是显示出某种优越感，因为小张是农家子弟，大学毕业分在局里做科员，没有什么靠山。有一次，小徐到小张家做客，对小张家人的一些生活习惯总是流露出看不顺眼的情绪，并不时在小张耳边嘀嘀咕咕。吃过晚饭后，小徐把小姑子使唤得团团转，一会儿叫小姑子烧水一会儿又让拿擦脚布什么的。

　　小张看在眼里，很不是滋味。他借机笑着对妹妹说："要当师傅先学徒嘛！你现在加紧培训一下也好，等将来你嫁到别人家里，也好摆起师傅的架子来。"小张这么一说，小徐当时似乎听出了什么，过后不得不在小张面前表示自己有些过分。

　　小张不失时机地用"要当师傅先学徒"的俗话来提醒小徐，避免了直接冲突。即使对方当时略有不满，过后也会有所感悟的。

　　使用旁敲侧击的说服策略，能让对方在不知不觉中同意你的论点，对于那些态度强硬的说服对象来说，这无疑是一种好的说服方法。

4. 晓之以理，动之以情

"晓之以理，动之以情，衡之以利"，这是劝导说服别人的最根本原则。以理服人就是摆事实，讲道理。让人从你讲的道理中领悟到其正确性，从而接受你的意见，按照你的意见行事。需要注意的是劝导说理要事实确凿，对准要害，出言有据，对方的观点就会不攻自破。

晓之以理，就是讲道理。简单的事情、小道理、一两个典型事例再加上简明、扼要的分析，道理就可以讲清楚。复杂的事情、大道理，涉及多方面的因素，触动一点就牵动全局，必须全方位、多层次、多角度地进行一系列的说服工作，从多方面展开心理攻势，并加以严密的逻辑推理。

想水到渠成地得出结论，最好以征询意见的口气引导对方同你一起来推理，共同探讨。让对方认同你的意见、主张，并当作自己寻求的答案，自愿接受，这样的说服更高明。因为经过自己思考而发现的真理，人们更坚信不疑。

晓之以理，要满怀信心，争取主动，若对方已明确、坚决地表示"不行""不干""不同意"之后，再进行说服，就要付出加倍的努力。当然，争取主动仍要运用委婉、商榷的语气，切忌盛气凌人、以势压人。如对方因此而产生逆反心理，再想说服，同样也要付出加倍的努力。

晓之以理，还要结合动之以情，通情才能达理。有时和对方讲大道理，对方并非对道理本身不接受，而是与讲道理的人感情上合不来。这时讲道理的人要善于联络感情，反省自己有无令对方反感的地方，及时克服和纠正。尤其当对方抵触反感、情绪较大时，更要以诚相待，双方在理解、尊重、关心的原则基础上，再讲道理。

对于形象思维强于逻辑思维的青少年儿童，及时常容易感情用事的人来说，就事论事，将心比心，运用其熟悉的经验教训，再加上感情色彩浓厚的语言，绘声绘色地诉说，易令人感到亲切可信，引发情感上的共鸣，为劝导说服扫清了障碍，铺平了道路。

所谓"衡之以利"就是权衡利弊得失，讲清利害关系。那些利益观念很强的人，理难服他，情难动他，唯有"衡之以利"是切实有效的一招。且不论对国家、对社会的利害如何，就是只从个人实实在在的得失考虑，他也应趋利避害、以接受你的说服为上策。那些明事理、重情义，并不过分讲究实惠的人，你仍应设身处地充分考虑对方的切身利害、实际困难，在此基础上进行说服，才称得上是真正的通情达理，也更令人心悦诚服。

人生在世，要求生存与发展，必然有各种各样的正常需要，如果丝毫不考虑对方的合理需要，双方的沟通就没有共同的语言，说服就无从谈起了。

有一家大型公司的总经理要租用一家酒店的大礼堂开一个经销商会议。刚要开会，酒店通知他要付比原来高三倍的租金。没办法，总经理找到酒店主管进行交涉。他说："我接到您的通知时，有点震惊。不过这不怪您，假如我处在您的位置或许也会写出同样的通知。您是这家酒店的经理，您的责任是让酒店尽可能多地赢利。您不这么做的话，您的经理职位难以保住。假如您坚持增加租金，那么让我们来合计一下，这样对您有利还是不利。先讲有利的一面，大礼堂不出租给开会者而出租为举办舞会、晚会，那您可以获取更大利润。因为举行这一类活动的时间不很长，主办方能一次付出很高的租金，比我的租金当然要多得多。租给我，显然您是吃大亏了。现在，再考虑一下不利的一面。首先，您增加我的租金，反而降低了收入，因为实际上等于您把我撵跑了。由于我付不起您所要的租金，我势必再找别的地方举办会议。还有一件对您不利的事——这个会议的参加者来自全国各地，他们的社会地位、文化修养、受过的教育都在中等以上。这些人到酒店开会，对您来说，这难道不是起了免费活广告的作用吗？事实上，假如您花五千元钱在报刊上登广告，您也不可能邀请这些人亲自到您的酒店参观。可我的会议为您邀请了他们。这难道不合算？请仔细考虑后再答复我。"

如此入情入理的恳谈，任何人都无法拒绝。最后，旅馆经理向那位总经理让步了。

这位口才出色的总经理为人们上了生动的一课。他正是真正站在对方的立场上，设身处地地为对方着想，全面地分析了双方的利弊得失，说话真诚、入情入理，最后成功说服了对方。

要说服别人，最大的障碍就是对方的"心理防线"。因此，设法动摇对方的心理防线，是说服对方的关键所在。那么，如何动摇对方的心理防线呢？除了要晓之以理，具有充实的内容外，更要动之以情，掌握一定的方法和技巧。

5. 曲言婉至，说服有力

在说服别人的过程中，有时要有意避开对方的忌讳点，绕道而行。选择对方感兴趣的话题，不要过早地暴露自己的意图，应按照计划迂回靠近。双方意见能逐渐一致时，对方已经不自觉地认同了你的观点，这也就是曲言婉至的妙处。

伽利略年轻时就立下雄心壮志，要在科学上有所成就，他希望得到父亲的支持和帮助。

一天，他对父亲说："父亲，我想问你一件事，是什么促成了你同母亲的婚事？"

"我看上她了。"

伽利略又问："那你有没有娶过别的女人？"

"没有，孩子，老天在上，家里的人要我娶一位富有的太太，可我只对阿玛纳蒂姑娘钟情，我追求她就像一个梦游者，要知道你母亲从前是一位美丽动人的姑娘。"

伽利略说："这倒确实，现在也还看得出来。你不曾娶别的女人，因为你爱的是她。你知道，我现在也面临着同样的处境，除了科学以外，我不可能选择别的职业，因为我喜爱的正是科学，别的对我毫无吸引力！难道我要去追求财富、追求荣誉？科学是我唯一的需要，我对它的爱有如对一位美貌女子的倾慕。"

父亲说："像倾慕女子那样？怎么能这样说呢？"

伽利略："一点不错，亲爱的父亲，我已经18岁了。别的学生，哪怕是最穷的学生，都已想到自己的婚事，我可从没想到那上面去。我不曾与人相爱，我想今后也不会。别的人都想寻求一位标致的'毕安卡'，或是一位俊俏的'卢斯娅'，而我只愿与科学为伴。当人们对我提及婚姻方面的事情，我就感到羞臊。"

父亲没有说话，仔细听着。

伽利略继续说："我亲爱的父亲，你有才干，但没有力量，而我却能兼而有之！为什么不能设法达到自己的愿望呢？我会成为一个杰出的学者，获得教授身份。我能够以此为生，而且比别人生活得更好。"

父亲说："可我没有钱供你上学。"

"父亲，你听我说！很多穷学生都能领取奖学金，这钱是公爵宫廷给的。我为什么不能去领一份奖学金呢？你在佛罗伦萨有那么多朋友，他们对你不错，会尽力帮助你的。也许你能到宫廷去把事办妥。他们只需要去问一问公爵的老师奥斯蒂罗·利希就行了。他了解我，知道我的能力。"

父亲被说动了："嗯，你说得有理，那是个好主意。"

伽利略抓住父亲的手，猛力摇动："我求求你，父亲，求你想方设法，尽力而为。我向你表示感激之情的唯一方式，就是……就是保证成为一个伟大的科学家。"

伽利略最终说动了父亲，他实现了自己的理想，成了一位闻名世界的科学家。

委婉法是说话办事时的一种缓冲方法。委婉的语言能使本来难以为继的交往，变得顺利起来，让听者在比较舒坦的氛围中接收信息。因此，有人称委婉是办事语言中的"软化"艺术。例如巧用语气助词，把"你这样做不好"改成"你这样做不好吧"。也可灵活使用否定词，把"我认为你不对"改成"我不认为你是对的"。还可以用和缓的推托，把"我不同意"改成"目前，恐怕很难办到"。这些都能起到软化效果。

具体地说，委婉法有以下几种形式：

（1）讳饰式委婉法

讳饰式委婉法，是用委婉的词语表示不便直说或使人感到难堪话题的方法。

例如：有一位外籍旅游者在旅华期间自杀了，为了减少话语的刺激性，经再三推敲，有关部门最后在死亡报告书上回避了"自杀"两字，而用了"从高处自行坠落"这一委婉语。在中国北方，老人故世了，以"老了"讳饰；老干部故去了，以"见马克思去了"讳饰。再如，生活中对跛脚老人，改说"您老腿脚不利索"；对耳聋的人，改说"耳背"；对妇女怀孕说"有喜"。总之，在语言交流中讲究讳饰，也就是"矮子面前不说矮"，而不是"哪壶不开提哪壶"。

有时，即使动机好，如果语言不加讳饰，也容易招人反感。比如售票员说："请哪位同志给这位'大肚皮'让个座位。"尽管有人让出了座位，但孕妇却没有坐，"大肚皮"这一称呼使她难堪。如果这句话换成："为了祖国的下一代，请哪位热心人，给这位准妈妈让个座位。"这位孕妇也会由衷感谢热心的售票员。

（2）借用式委婉法

借用式委婉法，是借用事物或事物的特征来代替对事物本体的讲述方法。

例如：在纽约国际笔会第四十八届年会上，有人问中国代表陆文夫："陆先生，您对性文学怎么看？"陆文夫说："西方朋友接受一盒礼品时，往往当着别人的面就打开来看，而中国人恰恰相反，一般都要等客人离开以后才打开盒子。"

陆文夫用一个生动的借喻，对一个敏感棘手的问题，婉转地表明了自己对中西文化差异在文学作品中呈现方式的见解。实际上都是对问者的一种委婉的拒绝，其效果是使问话者不至于尴尬难堪，难以收场。

（3）曲语式委婉法

曲语式委婉法，是用曲折含蓄的语言和商洽的语气表达自己看法的方法。

例如：《人到中年》的作者谌容访美。在某大学做讲演时，有人问："听说您至今还不是中国共产党党员，请问您对中国共产党的私人感情如何？"谌容说："你的情报很准确，我确实还不是中国共产党党员。但是我的丈夫是个老共产党员，而我同他共同生活了几十年，尚无离婚的迹象，可见……"

谌容先不直言以告，而是以"能与老共产党员的丈夫和睦生活几十年"来间接表达自己与中国共产党的深厚感情。有时，曲语式委婉法比直接表达更有力，这种曲语式的委婉用语，真是利舌胜利剑。

说服不是要告诉对方"你应该如何如何"这么简单，而是让对方信服的一个过程。如果说服如此简单，世界上也就不会存在那么多矛盾了。

6. 抓住心理，语言操纵

每个人所做的每一件事，都是受一定的心理驱使的。因此，当我们试图说服别人时，一定要学会抓住对方的这种心理，并利用这种心理引导对方，让对方一步一步地走到我们的目的。看准对方心理甚至可以用语言说服来诱导对方的行为。

用语言作假设，可达到将心比心的目的；也可用自己的行为，现身说法，让对方体验别人的心理，进而对他的言行作出调整，同样可达到说服的目的。

在说服他人时，直接提出自己的要求很难达到目的。因为有些人，你越是求他，他越是架子大，到头来反而会使事情特别麻烦、特别难办。这时，就需要小小地运用一下策略，抓住对方的弱点，把你的难题转移给对方，让对方反过来求你办事，当然，最终也就达到了说服的目的。

战国时著名的外交家张仪，早年在楚国游说时非常清苦。有些与他一样的谋士，因忍受不了这种待遇，纷纷决定离开楚国，到其他国家去谋生。

张仪见状劝阻道："大家先不要急，等我先去见见楚怀王，再做定论。"

楚怀王在逼死屈原之后，更加昏庸了，整天迷恋酒色，对身边的两位大美人南后、郑袖更是宠爱有加。

张仪见到楚怀王后，开门见山地说："我在楚国一点作为都没有，因此想到晋国去看看，不知大王可否同意。"

楚怀王连想都没想，直接说："那你就走吧。"

张仪又问："不知大王想得到晋国的什么东西？做臣子的愿为大王要回。"

楚怀王不屑地说："楚国什么都有，不需要别国的东西。"

"那美女呢？"张仪走近一步，轻声说。

楚怀王愣住了，张仪见其已经动心，赶忙说："大王知道，郑、周两地多美女，并且像仙女下凡一般，一个比一个漂亮。"

楚怀王本是个好色之徒，这下被击中了要害，立刻精神焕发，忙说："楚国是个偏僻小国，美女自然无法跟中原相比，你如果能带回美女，我自然喜欢。"

于是，楚怀王给了张仪很多金银珠宝作为路费。而张仪，将这些财产全部分发给那些想离开楚国的谋士们。

张仪要从中原带回美女的消息不胫而走，不久就传进了南后和郑袖的耳朵里。

几天后，南后派人带着重礼到张仪的府上拜访，侍者说道："南后听说先生要去晋国，特命小人送来黄金一千两，请先生一定收下，权且作为路上的盘缠。"南后的侍者刚走，郑袖也派使者来访，并送来了黄金五千两。

张仪心里自然明白，南后、郑袖之所以给自己送如此厚重的大礼，无非是希望他不要从晋国带回美女来。

在这个例子中，张仪见楚怀王的真正目的，是要"工资"的。如果直接说，楚怀王可能不会这么痛快更不会这么大方，并且，即使给了，张仪的面子上也无光。而聪明的张仪抓住楚怀王迷恋女色的弱点，绕了个圈，不要钱而献美女，这就是偏往痛处捅，不怕不上钩。楚怀王一下就动心了，马上给了他大量的金银珠宝。

而南后和郑袖一听张仪要从晋国带回美女，害怕自己失宠，自然着急，于是也赶快派人向张仪行贿。张仪一箭双雕，成功地击中了对方的弱点，达到了自己的目的。

7. 缓急有序，委婉为上

在说服别人时，有些话是不能直接说的，说了会得罪对方，影响你们之间的关系。倘若对方是你的顶头上司，话说不对往往也会影响到自己的薪水和升迁。在这种情况下，不妨采用步步追问的方式，将对方的思路慢慢地引向自己的观点。当然，在引导的过程中，一定要缓急有序，不可过急，以免让对方应接不暇，从而产生厌烦情绪。当然，一定要设置合理的铺垫。

齐宣王治国无方，孟子对其进行了批评。在批评时，孟子运用的就是步步追问的方式，使得齐宣王最终明白了孟子的意图。

孟子问道："如果您因为有事要到楚国去，就把自己的妻子儿女托付给一位朋友照看。但是，等您回来时，却发现自己的妻子儿女都在挨饿受冻。那么，对这样的朋友，您觉得应该怎样对待？"

齐宣王毫不犹豫地答道："我会立刻跟他绝交。"

孟子又问道："如果管制刑法的长官却管理不好自己的下属，对于这样的人，您觉得应该怎样处置？"

齐宣王答道："我会撤掉他。"

孟子再次问道："那么，如果在一个国家中，政治十分混乱，您觉得应该怎么办？"

齐宣王终于无言以对，只好顾左右而言他了。

在这个例子中，孟子采取了假言设问和步步追问相结合的提问方式，诱导齐宣王做出答复。在前两个问题中，因为与己无关，齐宣王回答得非常干脆非常肯定，然而，当孟子提出最后一个问题，也就是关键问题时，齐宣王却无言以对了。

如果没有第一和第二两个问题做铺垫，而直接提出第三个问题，势必会引起齐宣王的不满，甚至会因此治孟子的罪。孟子正是考虑到了这一点，所以才采用这种方式，通过一步步的追问，使齐宣王最终明白了自己的真正目的。

并且，在这个过程中，孟子也使齐宣王明白了一些治国之道（处罚那些不讲信用的小人，惩治玩忽职守的官吏），使齐宣王在反思的过程中体会到孟子的良苦用心，从而接受孟子的建议。

在生活中，步步追问的说服方法其实经常被人们用到。

比如，父母在教育孩子时，为了将孩子引向自己的观点，就会使用这种方式。一位妈妈在说服孩子洗澡时，就是巧妙地运用了这种方式。

妈妈把水倒进了澡盆里，而孩子仍在一边玩着小木船，不肯进澡盆。这时，聪明的妈妈拿起他的小木船，问道："小木船应该在哪里运行呀？"

孩子答道："水里。"

"好，那咱们把它放进水里好不好？"

孩子非常乐意，自己也跳进了水里。

在这里，妈妈的问题可谓是巧妙的，简单的问答就让孩子心甘情愿地进了澡盆。

不过，一定要注意，迂回前进、曲言婉至时，千万不要操之过急，不要把自己的追问变成逼问，否则就会激起对方的反感情绪，这对后续谈判是非常不利的。而如果运用得当，巧设问题，并且善于察言观色，根据对方的表情和心理变化巧妙提问，就会收到令人满意的效果。

当然，这种方法不是对任何人都管用的，使用时一定要分对象，并且要选择合适的时间和地点，比如，在对方心情好时，或者对方兴致高时。

有些要求不能提得太直接，应该"搭桥铺路"，一步一步地引导对方，使其在不知不觉中接受要求，或者事先做好准备，通过多次沟通让别人一点一点地理解，最终达到目的。

如果你的说服对象是自己的爱人或朋友之类值得信赖的人，这种方法就很容易奏效。并且，在这一过程中，对方的自尊心也会得到极大的满足。

有一位聪明的妻子，运用"搭桥铺路"的方法，成功地说服了丈夫，心甘情愿地为自己买新衣服。

妻子：哎，学校很快就要举行开学典礼了，可是孩子却没有一件像样的衣服，是不是应该到百货公司去买一些？

丈夫：就由你决定好了，反正孩子的衣服不会很贵。

妻子：你误会我的意思了，我说的不仅是孩子的衣服问题。

丈夫：哦，那还有什么？不就是买参加典礼的衣服吗？要多少钱你自己决定好了。

妻子：我知道了，这星期天我们一起去逛百货公司吧！孩子的入学仪式我也必须参加，你说我穿什么衣服好呢？

丈夫：穿什么衣服你自己决定就好了。

妻子：还是你帮我看看吧，看哪件衣服比较合适。

丈夫虽不大愿意，仍随着妻子来到了衣橱边。

妻子：哪一件好看呢？虽然衣服不少，但好像都过时了，你不觉得这些衣服的样式都太老气了吗？

丈夫：是吗？我怎么不觉得。

妻子：你看，这件虽然是去年才买的，而且颜色、式样都不错，但现在已没人穿这种衣服了。再说这一件吧，这是去年秋天买的，但现在已经不流行这种款式了！

丈夫：嗯，听你这么一说，好像是有点过时了。

妻子：那么，你说我再买一件好吗？再买一件……

丈夫：真拿你没办法，你自己决定好了。

妻子：其实你也该打扮打扮了，这次我帮你买件新衬衫吧！

　　在这个故事中，妻子以要参加孩子的开学典礼为由，借口给孩子买新衣服的同时，说服丈夫替自己买新衣服。妻子之所以能成功，是因为她精心设计了一个小圈套，并成功地引诱自己的丈夫跳了进去。

　　在上边的例子中，我们姑且不论这位妻子的个性如何，单就"搭桥铺路"的技巧而言，她是高明的。因为她懂得抓住丈夫的心理，说服丈夫为自己买新衣服。

8. 事实说话，效果更佳

　　说服别人不一定非得用语言。有时候，用事实说话，可能会获得更好的效果。如果对方不太认可你，那么不妨用行动证明给对方看，因为行动可以说明一切。用事实来说话，比用口头语言更有说服力。

　　两个同龄的年轻人同时受雇于一家超市，并且拿同样的薪水。但是不久之后，杰森青云直上，而汤姆却在原地踏步。

对于这种不公平的待遇，汤姆心里十分不满。终于有一天，汤姆找到老板，倾诉了自己的不满。老板一边耐心地听着他的抱怨，一边在心里盘算着该怎样向他解释清楚他和杰森之间的差别。终于，老板想到了一个很好的主意。

"汤姆，"老板说道，"今天早晨你到集市上去看一下，看看那里在卖些什么东西。"

过了一会儿，汤姆从集市上回来了，向老板汇报说，集市上只有一个农民拉了一车土豆在卖。

"有多少？"老板问。

汤姆赶快跑到集市上，回来后对老板说一共有40口袋。

"多少钱一斤？"老板又问。

汤姆只得第三次跑回集市，回来时已经累得上气不接下气了。

"好吧。"老板对他说，"现在你坐在这把椅子上，什么话都不要说，看看杰森是怎么做的。"

然后，老板把杰森叫了进来，说道："杰森，你到集市去一趟，看看今天早晨有什么卖的。"

杰森很快地从集市上回来了，并报告说，到目前为止，只有一个农民在卖土豆，一共有40袋，并且还打听了价格。他说，土豆质量很不错，他带回来一个让老板看看。这个农民一个小时之后还会再弄来几箱西红柿，据他比较，价格也非常公道。昨天超市里的西红柿卖得很快，库存已经不多了，需要再进一些。因此，他想这么便宜的西红柿老板一定会买一些，所以，他不仅带回来一个西红柿当样本，还把那个农民也带回来了，现在他正在门外等着。

此时，老板转向汤姆问道："现在，你肯定知道为什么杰森的薪水比你的高得多了吧？"

汤姆听完，一声不吭地走了。

汤姆跑了三趟，才在老板的不断提示下，了解了集市的部分情况。而杰森仅跑了一趟，不仅掌握了老板需要的信息，还掌握了老板可能需要的信息。

在整个过程中，老板没有批评汤姆一句，也没有表扬杰森一句，只是让他们各自用行动来证明两人的不同：汤姆是那种上司吩咐什么自己就干什么，从不主动动脑的人；而杰森则是那种办事高效头脑灵活的人，这种人不仅能办好上司吩咐的事，还会办好与自己的工作有关的事，更好地协助老板干好工作。

因此，杰森比汤姆升得快，工资拿得多，是合情合理的。老板正是用这种行动对比的方式使汤姆消除了心中的不满。

说服他人时，如果事理对自己有利，一定要据理力争，用事实驳斥对方的谬误。

抗日战争期间，厦门大学的一位英籍客座教授，在一次酒会上大放厥词，诬蔑厦大不如"英伦三岛之中小学校"，说什么"欧美开风气之先导，执科学之牛耳"，他们国家有诗圣拜伦、雪莱，剧圣莎士比亚，现代生物学之父达尔文，力学之父牛顿，而中国虽然地大物博，却"国运衰败"，又怎么称得上是"物华天宝,人杰地灵"之邦?

当时,厦门大学的校长是萨本栋,他一听这话,立即理直气壮地反驳道:"教授先生,你别忘了,中国的李白、杜甫如彗星经天之日,英伦还处于中世纪蒙昧蛮荒之时;中国李时珍写下《本草纲目》之际,达尔文的父亲祖父还不知道是何许人。"

英籍教授一听,顿时恼羞成怒,大声说道:"校长阁下,请记住,是美利坚合众国的伍斯特工学院和斯坦福大学,造就了您的学识和才能的。"

萨校长微微一笑,说道:"博士先生,我也想请您记住,中华文明曾震惊世界,没有中国远古的三大发明,也绝不会有不列颠帝国的近代产业革命,更不要提什么欧洲近代文明了。"

在这个例子中,萨校长就是抓住对方论点(即中华文明是落后的)的失误,举出大量的事实,给予有力的反驳,最后,终于使得英籍教授哑口无言了。至此,萨校长也达到了自己的说服目的。

中国有句俗话:根基不正,其影必斜。在说服对方时,要揭穿他们论据的荒谬,就要用事实为依据,为自己的论点找到坚实的后盾。这样,就会使得对方不得不同意你的观点,从而放弃自己的错误观念。

三国时,张昭攻击诸葛亮,说他这个军师比不上管仲、乐毅,其根据是诸葛亮面对曹操的进攻"丢盔弃甲,望凤鼠窜"，从而导致"弃新野，走樊城，败当阳，奔夏口，无容身之地"。

对于这些攻击，诸葛亮不温不火，而是根据事实，反驳道："刘备起兵之初，兵不满一千，可用之将只有赵云、关羽和张飞。新野小县，粮少人稀，我们却火烧博望在先，火烧新野在后，杀得曹军十万大军心惊胆战。管仲、乐毅用兵也不过如此吧……想当年，汉高祖屡败于项羽之手，垓下一战，终于获得了最后胜利，靠的是韩信的智谋良策啊。而韩信辅佐高祖时，也并不是每战必胜的。"

在这个例子中，诸葛亮以事实批驳了张昭的论据，并且，针对他的"无容身之地"的诬蔑，援引刘邦、韩信的先例，说明"胜败乃兵家常事"，而"求决胜不求累胜"才是刘备的战略方针，让张昭之流无言以对。

因此，在说服别人时，找到合理的依据，据理力争，让对方在事实面前不得不承认你的论点。

9. 罗列理由，语半功倍

俗话说得好，有理行遍天下，无理寸步难行。说服他人不是一件容易的事情，与其说一大堆废话，不如多讲些道理和理由，罗列些事实，让对方心服口服。

春节马上就到了，为了让自己在未来的一年里获得好彩头，有几个同事已经在给自己物色新的东家了。虽然这些小动作都是各自私下里进行的，可是，李丽还是觉察到了其中的味道。在这些同事的影响下，李丽也蠢蠢欲动。

吃饭的时候，李丽对老公说："我想换换工作。"

老公听了，以为李丽在开玩笑，头也没抬一下，说："换工作？可以啊！说说理由。"

李丽说："首先，我都在公司工作两年了，可是，工资一直都停留在2000元的水平，一点都没有涨。我和老板交流过，可是，没有通过。"

老公说："穷则思变。老板不加薪，自己加！如果新工作的薪水比现在的公司高，可以换换。"

李丽接着说："其次，我们公司没有良好的企业文化，工作环境也一般。两年了，公司都没有给我们举办过培训。"

"是，这也是有个理由！这对你以后的发展没好处。"

"第三，在公司，我感到很压抑，无法发挥自己的优势，晋升空间太小。我想找一个可以施展拳脚，至少有晋升可能的公司。"

"嗯，理由充分！"

"第四，我的上司刚愎自用，太过情绪化，我真的很想跟他狠狠吵上一架，然后挥一挥衣袖，说一声再见。"

"遇到这样的上司，是很辛苦的。炒老板的鱿鱼，未尝不是一种解脱的方法。"

"第五，我们的工作内容安排得非常不合理。"

"是，我也体会到了。你们除了加班，就是加班，而且还没有加班费。"

"综合这几点，我就打算重新找一份工作了。"李丽看看老公。

"看来，你工作确实不顺心，想换就换一个吧，我也帮你留意！"

为了获得丈夫的支持，李丽罗列了一大堆理由。在众多的理由面前，李丽实现了自己的"跳槽"愿望，而且，还获得了老公的支持。这个故事告诉我们：要想成功说服对方，可以将理由逐条整理，并陈述出来，理由是关键，理由充分，可以增加说服力。

王鹏和李星是一对好朋友，两人只要一凑到一起，便会天南海北地讨论一番。一天，两人又见面了。

王鹏问："你知道天是什么颜色的吗？"李星就按照课本上教过的常识回答说："天是蓝的。"然而，王鹏却说"天是黄色的"，接着便为了证明自己的观点罗列出了一大堆理由。李星想一想，觉得有些道理。

星期二，在课余时间，王鹏又问李星："天是什么颜色的？"顺着上次讨论的思路，李星回答说："天是黄色的。"然而，王鹏又罗列出了一大堆根据，证明了"天是红色的"。

星期三，中午放学的路上，王鹏又和李星讨论"天是什么颜色的"。李星被搞糊涂了，近乎讨好地说："天是红色的。"可是，答案还是不正确！王鹏又罗列出了一大堆根据，证明了"天是黑色的"。

星期四，一大早，当李星看到王鹏向自己走来，又要讨论"天是什么颜色"时，李星落荒而逃了。

王鹏的一番"道理"虽不能服人之心，也无科学依据，却也能胜人之口。李星不得不莫名地感叹："好厉害的嘴呀！怎么说都是他的道理。"为什么李星会被王鹏说服呢？原因是，不论王鹏提出了什么样的观点，他都能罗列出一堆看似找不到漏洞的"理由"来。

在说服对方的时候，我们应先做好一项准备。这项准备就是尽力搜集支持你的看法或建议的理由。没有充分的理由，再信任你的人也会犹豫不决；反之，有了充分的理由，原本无动于衷的人也会被你说动。

史建兵非常喜欢自己的女友，打算向自己的女友求婚，为了表达诚意，他花了一夜的时间，写了一份关于求婚的理由。上面罗列了上千条的结婚理由，比如：

第一眼见到你的时候，我就喜欢上了你。

我写过好多好多的信给你，这代表了我的真心。

我想在快乐时与你分享，悲伤时与你同在。

我喜欢陪你到菜市场买菜。

我喜欢被你欺负。

你的声音令我感到心安。

我常常梦到你。

女孩看完了信，就答应了他的求婚。

这就是充分利用了罗列理由的方式，累积成千上万的理由来打动对方的绝妙方式。

在这里，人们要注意的是，有的理由能增强说服力，但有的理由却相反。研究表明：利用可信度高的证据能增加你的可信度；援引不合格的、来源的不相关的证据会降低可信度。

有出处的证据其说服力强得多。使用新的证据更有说服力。人们根据各自的态度观点来理解证据，不管你的证据质量如何，其与对方的信念相一致时更具有说服力。最后，在你拿出自己的论点的时候，你得让对方参与进来。假如各说各的，说服力就会很差。

说服不是压服，需要摆事实、讲道理来进行论证。专家认为，与人辩论时，搜集论据可以从四个方面着手。这一技巧，也可以巧妙借鉴到说服之前的理由搜集上。

（1）必需

必需是指论证己方论点或反驳对方论点必不可少的论据材料，是能支持己方论点的相关论据，即能推导出己方论点，或能推倒对方论点的论据。

（2）真实

真实是论据的生命，只有真实可靠的论据才能支撑论点的正确。无论是事实论据还是理论论据，都要核实无误。如果论据失真，则很有可能反为对方所用，这种利害关系不言自明。

（3）典型

论据能否有力地论证观点，关键在于是否典型。所谓典型的论据，是反映事物本质具有代表性。这样的论据说服力很强。

（4）新颖

新颖的论据令人耳目一新，能吸引人，能收到出奇制胜之效。因此选用新颖的论据，在论证中可以起到事半功倍的效果。

第七章
拒绝别人，
把话说到点子上才行

　　任何人都有得到别人理解与帮助的需要，也会收到来自别人的请求。可是，在现实生活中，谁也无法做到有求必应，所以，掌握好说"不"的分寸和技巧就显得很有必要。

1. 学会拒绝，让生活更轻松

在人际交往中，基于某种原因不愿意或不便把自己的真实想法告诉对方时，用"敷衍的拒绝，含糊的回避"来应对可帮你渡过难关，如果运用得好，就能拒绝他人的不情之请。

有个关于庄子向监河侯借钱的故事。监河侯敷衍庄子，含糊地说："好！再过一段时间，等我去收租，收齐了，就借给你三百两银子。"监河侯的敷衍真是很有水平，不直接说不借，也不说马上就借给他，而是说过一段时间收租收齐后再借。

监河侯的话有三层意思：一是目前我没有钱，还不能借给你；二是我并不是富人；三是过一段时间，表示时间并不明确，到时借不借还是另一说。

庄子听后已经很明白了。监河侯用这种方法拒绝庄子，他不会怨恨什么，因为监河侯并没有说不借给他，只是过一段时间再说而已，还是有可能会借的。

人处在一个复杂的社会中，互相制约的因素有很多，当你不便说出自己真正拒绝的原因时，为什么不选择一个盾牌挡一挡呢？含糊而敷衍地拒绝他人是一种不错的选择。

比如你是一个领导班子的成员之一，若有人托你办一件令你为难的事，你就可以说："我们单位是集体领导，类似这样的情况，需要大家讨论才能决定。不过，以前像这样的事都很难通过，最好还是别抱很大的希望，如果你坚持这样做的话，待大家讨论后再说，我个人说了不算数。"这就是推托之辞，把矛盾引向了另外的地方，即"不是我不给你办，而是我办不了"。听到这样的话，对方一般都要打退堂鼓："那好吧，既然是这样，也不难为你了，我再想别的办法吧！"

比如有人对你说："今晚我请客，一定要来呀！""真不凑巧，今晚正好有事，下次一定来。"下次是什么时候，并没有说一个明确的时间，实际上给对方的是一个含糊不清的答案。对方若是聪明人，一定会听出其中的意思，就不会强人所难了。

任何人都有得到别人理解与帮助的需要，也会收到来自别人的请求。可是，在现实生活中，谁也无法做到有求必应，所以，掌握好说"不"的分寸和技巧就显得很有必要。

（1）不要立刻拒绝

立刻拒绝，会让人觉得你是一个冷漠无情的人，甚至觉得你对他有成见。

（2）不要轻易拒绝

有时候轻易地拒绝别人，会失去许多帮助别人、获得友谊的机会。

（3）不要在盛怒下拒绝

盛怒之下拒绝别人，容易在语言上对别人造成伤害，让人觉得你一点同情心都没有。

（4）不要随便拒绝

太随便地拒绝，别人会觉得你并不重视他，容易引起别人反感。

（5）不要无情地拒绝

无情地拒绝就是表情冷漠、语气严峻，毫无通融和余地。这会令人很难堪，甚至反目成仇。

（6）拒绝要面带笑容

拒绝的时候，应面带微笑，态度要庄重，让别人感受到你的尊重，就算被你拒绝了，也能欣然接受。

（7）拒绝要有所代替

别人的请求我帮不上忙，我帮对方别的忙，这样一来，对方还是会很感谢你的。

（8）拒绝要留有出路

拒绝的时候，如果能提供一些其他办法，帮对方想出一些更好的出路，实际上还是帮了对方的忙。

下面是几种简而易行的推销方法：

（1）谢绝法

"对不起，这样做很可能不合适。"

（2）婉拒法

"哦，原来是这样，很可能是我还没有想好，那么考虑一下再说吧。"

（3）不卑不亢法

"哦，现在我终于明白了，你最好去找对这件事更感兴趣的人，好吗？"

（4）幽默法

"啊，实在对不起，今天我正好有事，这次也只好当逃兵了。"

（5）无言法

运用摆手、摇头、耸肩、皱眉、转身等肢体语言和否定的表情来表示自己对此件事情的态度。

（6）缓冲法

"哦，请让我再同朋友商量一下，你也再仔细地想一想，过几天再做决定好吗？"

（7）回避法

"今天咱们先不谈这个，还是说说你关心的另一件事吧。"

（8）严词拒绝法

"这样做绝对不行，我已经想好了，你不用再费口舌了！"

（9）补偿法

"实在对不起，这件事我实在爱莫能助了，不过，我可帮你做另一件事！"

（10）借力法

"你可以问问他，他可以作证，我可是从来都没有干过这样的事情！"

（11）自护法

"你为我想想，我怎么能去做这种没把握的事情呢？你是想让我出洋相吗？"

如果你学会了拒绝的方法，自然就能减少许多交际压力，也就不至于使自己在广泛的人际交往中陷于被动的状态，你的生活就会变得更为轻松、潇洒。

2. 委婉的拒绝不伤面子

委婉的拒绝能给人留下足够的面子，可以把伤害减小到最低，不影响双方的关系。那么如何委婉地拒绝呢？

（1）先表明态度

有的人对于要拒绝或是接受，在态度上常表现得暧昧不明，而使对方一直抱着一种期待。

听别人几句甜言蜜语，不顾实际情况就轻易地承诺下来的举动，也是自己态度不明确的表现。

（2）要顾及对方的自尊

人都是有自尊心的，一个人有求于别人时，往往都带着惴惴不安的心理，如果对方一开始就说"不行"，势必会伤害这人的自尊心，使其的不安急剧加速，失去平衡，产生强烈的反感，因此，不宜一开口就说"不行"，应该尊重对方的愿望，表示关心、同情，然后再分析实际情况，说明无法接受要求的理由。与对方感同身受，产生共鸣的话，对方便能理解你的拒绝是出于无奈。

当拒绝别人时，不但要考虑到对方可能产生的反应，还要注意准确恰当的措辞。比如你拒聘某人时，如果悉数罗列其缺点，会伤害其自尊心。倒可以先称赞其优点，然后再指出缺点，说明不得不这样处置的理由，对方也能更容易接受，甚至感激你。

（3）缓和对方对"不"的抗拒感

虽然说"不"或"行"要明白表示，却也不是毫无顾虑地直接说出来。语气强硬地说"不行""没办法"，会伤害对方的自尊心，甚至遭来对方的怨恨。

对别人的要求要洗耳恭听，对自己不能答应的事要表示抱歉，体谅对方拼命工作的苦心……这些都是在你回答"不"之前所应思考的。尤其当要求的对方是上级时，说话更要留余地。

（4）态度一定要真诚

拒绝总是令人不快的。"委婉"的目的也无非是为了减轻双方，特别是对方的心理负担，并非玩弄"技巧"来捉弄对方。特别是上级、师长拒绝下级、晚辈的要求，不能盛气凌人，要以同情的态度，关切的口吻讲述理由，使之心服。在结束交谈时，要热情握手，热情相送，表示歉意。一次成功的拒绝，也可能为将来的重新握手、更深层次的交际播下希望的种子。

（5）降低对方对你的期望

但凡来求你办事的人，都是对你解决问题抱有很高的期望值的。一般说来，对你抱有期望越高，越是难以拒绝。在拒绝要求时，倘若多讲自己的长处，或过分夸耀自己，都会在无意中抬高对方的期望，增大拒绝的难度。如果适当地讲一讲自己的短处，降低对方的期望，在此基础上，抓住适当的机会多讲别人的长处，就能把对方求助目标自然地转移过去。这样不仅可以达到拒绝的目的，而且使被拒绝者从中获得了其他信息，从而取代了原有的失望与烦恼。

（6）尽量使话语温柔缓和

当你想拒绝对方时，可以连连发出敬语，使对方产生"可能被拒绝"的预感，对"不"有了心理准备。

谈判中拒绝对方，一定要讲究策略。婉转地拒绝，对方会心服口服；如果生硬地拒绝，对方则会产生不满，甚至怀恨、仇视的心理。所以，一定要记住，拒绝对方，尽量不要伤害对方的自尊心，要让对方明白，你的拒绝是出于不得已，你感到很抱歉、很遗憾。拒绝尽量温柔而缓和。

（7）让对方明白自己的处境

一般来说，一个人有事求别人帮忙时，总是希望别人能满足自己的要求，却往往容易忽略给他人带来的麻烦和风险。如果实事求是地讲清利害关系和可能产生的不良后果，把对方也拉进来，共同承担风险，即让对方设身处地去判断，这样会使提出要求的人望而止步，放弃自己的要求。例如有个朋友想请长假外出经商，来找某医生开个肝炎的病历报告单。对此做假的行为，医院早已多次明令禁止，一经查实要严肃处理。于是该医生就婉转地把他的难处讲给朋友听，最后朋友说："我一时没想那么多，经你这么一说，我也觉得这个办法不行。"

共担风险，让对方由己及人地去想问题，体谅别人的难处。

在人际交往中，只要还有一线希望，谁也不愿意轻易放弃。俗话说："不撞南墙不回头。"在拒绝别人的要求时，铁一样的现实摆在眼前，无论怎样坚持意见的人，也不能不放弃自己的要求。

3. 掌握说"不"的技巧

拒绝需要理由和借口，只要你的理由和借口天衣无缝，被拒的对方定会毫无怨言。

不妨从以下几点着手来练习，会让你掌握说"不"的技巧。

（1）在别人提出要求前做好说"不"的准备

那些在别人不论提出多么不合理的要求时很难说"不"的人，通常是由于以下一种或几种原因：

① 对自己的判断力缺乏自信，不知道什么是应该做的，什么是自己做不到的。

② 渴望讨别人喜欢，担心拒绝别人的请求会让人把自己看扁了。

③ 对自己能成功地负起多少责任认识不清。

④ 对拒绝帮助别人而感到罪过。

⑤ 觉得自己低人一等，因而把别人看成是能控制自己的"权威人士"。

然而，不论出于何种理由，这些不敢说"不"的人通常承认自己受感情所支配。不管过去的经历如何，他们从未在别人提出要求时有一个准备好的答复。

假如发现自己的拒绝是完全公平合理的，却很难启齿说"不"，那么请用以下这些方法帮助你自己：

① 在别人可能向你提出不能接受的要求之前做好准备。

② 把你的答复预先演习一遍，准备三至四套可使用的句子（例如："对不起，我这几天对此只能说'不'""我正忙得脚底朝天呢。"），对着自己大声练习几遍。

③ 当你说"不"时，别编造借口。如果你有理由拒绝而且能把理由告诉别人，要简洁明了，一语中的。但你不必硬找理由，你有充分的权力说"不"。

④ 在说出"不"之后要坚持，假如举棋不定，别人会认为可以说服你改变主意。

⑤ 在说出"不"之后千万别有负罪感。

（2）用推脱表示"不"

一位客人请求客服人员替他换个房间，客服人员可以说："对不起，这得值班经理决定，他现在不在。"

丈夫和妻子一块上街，妻子看到一件漂亮的连衣裙，很想买，丈夫可以拍拍衣袋："糟糕，我忘了带钱包。"

有人想找你谈话，你看看表："对不起，我还要参加一个会，改天行吗？"

（3）用沉默表示"不"

当别人问："你喜欢阿兰德隆吗？"你心里并不喜欢，这时，你可以不表态，或者一笑置之，别人即会明白。

一位不大熟识的朋友邀请你参加晚会，送来请帖，你可以不予回复。它本身说明，你不愿参加这样的活动。

（4）用拖延表示"不"

一位朋友在电话里问你："今天晚上八点钟去跳舞，好吗？"你可以回答："明天再约吧，到时候我给你去电话。"你的同事约你星期天去钓鱼，你不想去，可以这样回答："其实我是个钓鱼迷，可自从成了家，星期天就被妻子没收啦！"

（5）用回避表示"不"

你和朋友去看了一部拙劣的武打片，出影院后，朋友问："你觉得这部片子怎么样？"你可以回答："我更喜欢抒情点的片子。"

（6）用反诘表示"不"

你和别人一起谈论国家大事。当对方问："你是否认为物价增长过快？"你可以回答："那么你认为增长太慢了吗？"

你的恋人问："你讨厌我吗？"你可以回答："你认为我讨厌你吗？"

（7）用客气表示"不"

当别人送礼品给你，而你又不能接受的情况下，你可以客气地回绝：一是说客气话；二是表示受宠若惊，不敢领受；三是强调对方留着它会有更多的用途等。

（8）用外交辞令说"不"

外交官们在遇到他们不想回答或不愿回答的问题时，总是用一句话来搪塞：无可奉告。生活中，当我们暂时无法说"是与不是"时，除了可用这句话，还可以说："天知道。""事实会告诉你的。""这个嘛，难说。"等。

（9）以友好、热情的方式说"不"

一位作家想同某教授交朋友。作家热情地说："今晚我请你共进晚餐，你愿意吗？"不巧教授正忙于准备学术报告会的讲稿，实在抽不出时间。于是，他亲热地笑了笑，带着歉意说："对你的邀请，我感到非常荣幸，可是我正忙于准备讲稿，实在无法脱身，十分抱歉！"他的拒绝是有礼貌而且愉快的，但又是那么干脆。

（10）避免只针对对方一人

某造纸厂的推销员上某单位推销纸张。推销员找到他熟悉的这个单位的总务处长，恳请他订货。总务处长彬彬有礼地说："实在对不起，我们单位已同某国营造纸厂签订了长期购买合同，单位规定再不向其他任何单位购买纸张了，我也应按照规定办。"因为总务处长讲的是任何单位，就不仅仅针对这个造纸厂了。

当我们羞于说"不"的时候，请恰当地运用上述方法吧。但是，在处理重大事务时，来不得半点含糊，应当明确表达意见。

4. 拒绝是有规律可循的

拒绝是一种艺术，有其艺术的规律可循。掌握了拒绝的实用技巧，在不同的场合加以变通，就不再是一件难事。

（1）强调自己的困难

有些求人的事，由于种种原因，对方不好意思直接开口，只能用暗示来投石问路。这时最好用暗示来拒绝。

两个打工的老乡，找到城里工作的李某，诉说打工之艰难，一再说住店住不起，租房又没有合适的。言外之间是要借宿。

李某听后马上暗示说："是啊，城里比不了咱们乡下，住房可紧了。就拿我来说吧，这么两间耳朵眼儿大的房子，住着三代人。我那上高中的儿子，没办法，晚上只得睡沙发。你们大老远地来看我，不该留你们在我家好好地住上几天吗？可是做不到啊！"两位老乡听后，非常知趣地告辞了。

（2）用"习俗"为借口

一位女士因公出差，在火车上与一位看起来挺有涵养的男士坐在一起。这位男士主动和她搭讪，女士觉得一个人干坐着也挺乏味的，于是就和他攀谈起来。开始时这位男士还算规矩，和女士只是谈谈乘车难的感受以及对当今社会上一些不合理现象的看法。可不知怎的，谈着谈着，这位男士竟然话题一转，问了周女士一句："你结婚了吗？"

显然，这个问题可能别有用心，所以女士有些不高兴，但她态度平和地对那位男士说："先生，我听人说过这样一句话，前半句是'对男人不能问收入'，所以我才没有问你的收入；后半句是'对女人不能问婚否'，所以你这个问题我是不能回答了。请原谅。"那位男士听女士这么一说，也觉得有点唐突，尴尬地笑了笑，不再说话了。

这位女士既表达了对对方失礼的不满，又没有令对方下不来台，可谓一举两得。

（3）借他人之口予以拒绝

小李在电器商场工作。一天，他的一位朋友来店里买DVD。看遍了店堂里陈列的样品，他都不满意，要求小李领他到仓库去看看。小李面对朋友，"不"字说不出口。于是他笑着说："前几天经理刚宣布过，不准任何顾客进仓库。"尽管小李的朋友心中不大满意，但毕竟比直接听到"不行"的回答减少了几分不快。

（4）借故拖延

某单位一名职工找到车间主任要求调换工种，车间主任心里明白调不了，但他没有马上回答说"不可能"，而是说："这个问题涉及好几个人，我个人决定不了。我把你的要求带上去，让厂部讨论一下，过几天答复你，好吗？"

这样回答可让对方明白：调工种不是件简单的事，还需要上报讨论，使对方思想上有所准备，这比当场回绝效果要好得多。

（5）限定苛刻的条件

有位名作家应邀演讲，课排在下午第一堂，大热天，是学生最爱打瞌睡的时候，他一上台，就声明说："在这闷热的午后，要各位听我这老头儿说话，一定会想打瞌睡，我想没关系，各位可以安心地睡。但是有两个原则要遵守，一是姿势要雅，不可趴在桌上；二是不准打呼噜，以免干扰别人听讲。"语毕，全堂哄然大笑，瞌睡虫一扫而空。

这种表面同意，其实是禁止的说话艺术，常能发挥劝止的功效。

（6）先肯定后否定

有时对方提出的要求有一定的合理性，但因条件的限制又无法予以帮助。这种情况下，拒绝言辞要尽可能委婉，予以安慰，使其精神上得到些许满足，以减少因拒绝产生的不快和失望。在语言表达上可采用"先肯定后否定"的形式，要委婉，留有余地。

　　一家公司的经理对一家工厂的厂长说："我们两家搞联营，你看怎么样？"厂长回答："这个设想很不错，只是目前条件还没有成熟。"这样既拒绝了对方，又给自己留了后路。

（7）隐晦曲折提出另外的建议

有时，对一些明显不合情理或不妥的做法必须予以回绝，但为了避免因此引起冲突，或由于某种原因不便明确表示，可用隐晦曲折的语言暗示对方，以达到拒绝的目的。请看下面一段对话：

　　甲："我们的意图是使下一次会议能在A地召开，不知你方以为如何？"
　　乙："贵地饭菜的味道不好，特别是我上次去时住的那个酒店更糟糕。"

甲："那么您觉得我今天用来招待您的B地小吃味道如何？"

乙："还算可以，不过我更喜欢吃C地饭菜。"

乙方用"A地饭菜不好""B地的饭菜还可以""喜欢吃C地饭菜"，委婉含蓄地拒绝了在A地、B地开会的建议，暗示了希望在C地举行会议的想法。

（8）避实就虚法

当别人要求你公开某些情况，而你不想或不能作出明确的回答时，可以采取避实就虚的手法。

1945年美国在日本扔下两颗原子弹后，美国新闻界一个突出话题是猜苏联有多少原子弹。当苏联外长莫洛托夫率代表团访问美国时，在下榻的旅馆门前被一群美国记者所包围，有记者问莫洛托夫："苏联有多少原子弹？"莫洛托夫绷着脸说："足够！"这样的回答避其话锋，保守秘密，同时又显示了苏联人民的自尊和力量。

（9）改变话题法

如不愿回答别人向你打听的事情时，可用巧妙变换话题的方法，让对方处于被动地位，从而改变意图。

（10）以鼓励的方式拒绝

某人在屋檐下躲雨，看见一个和尚正撑伞走过。某人说："大师，普度一下众生吧？带我一程如何？"

　　和尚说："我在雨里，你在檐下，而檐下无雨，你不需要我度。"

　　某人立刻跳出檐下，站在雨中："现在我也在雨中了，该度我了吧？"

　　和尚说："我也在雨中，你也在雨中，我不被淋，因为有伞；你被雨淋，因为无伞。所以不是我度你，而是伞度我，你要被伞度，不必找我，请自找伞！"说完便走了。

　　（11）幽默轻松，委婉含蓄

　　有人想让庄子去做官，庄子并未直接拒绝，而是打了一个比方，说："你看到太庙里被当作供品的牛马吗？当它尚未被宰杀时，披着华丽的布料，吃着最好的饲料，的确风光，但一到了太庙，被宰杀成为祭品，再想自由自在地生活着，可能吗？"

　　庄子虽没有正面回答，但一个很贴切的比喻已经回答了，让他去做官是不可能的，这种方法就是委婉的拒绝法。

5. 把"不"大胆地说出口

　　有些人害怕说"不"，害怕别人否定自己的能力，害怕说"不"驳了别人的面子。殊不知一味地接受只能使自己越来越麻烦，而一时的尴尬却可以换来永远的宁静。因此，有时也要把

"不"大胆地说出口。

　　　前几年春节联欢晚会上也曾演出过这样一个小品：一个人为了避免别人瞧不起自己，假装自己手眼通天，别人求他办事，不管有多大困难一概来者不拒。为了帮别人买两张卧铺票，不惜自己通宵排队，结果闹出了笑话。

　　也许小品有所夸张，但生活中的确不乏其人。他们不善于拒绝别人，认为拒绝别人会伤害彼此友谊，于是经常违心地答应别人的要求，结果不仅浪费了自己大量时间，自己觉得不自在。学会拒绝别人，可以节省大量的时间，避免许多不必要的麻烦。

　　诚然，与人交往和帮助别人是重要的，但更要懂得珍惜时间，学会说"不"。

　　那么在什么场合应该说"不"呢？现举出几例：

　　（1）当别人期待的帮助只考虑个人利益的时候

　　假如一个朋友打算请你深夜开车送他到机场，而你确信他可以"打的"去，如果你去送他，不但影响一夜睡眠，还会影响次日安排，你就要考虑拒绝。当然，如果他是顺路想搭你的车，只是要你等他几分钟的话，你就应尽力帮忙。

　　（2）当有人试图让你代替完成其分内工作时

　　偶尔为别人替一两次班关系不大，如果形成习惯，别人就会对你产生依赖，变成你义不容辞的义务。

　　（3）繁忙的晚上，朋友却邀请你去聚会

　　如果是千里之外的朋友偶然回来，邀大家一聚当然另当别论。

　　当然生活中的类似场合远不止列出的这些，总之，很多要求会给自己带来某些不便，就要考虑说"不"，除非你的拒绝会给别人带来更大的麻烦。也许你会说：我何尝不想拒绝，但该怎样拒绝呢？

以下有几个建议：

（1）立即答复，不要让对方对你抱有希望

要打消为避免直接拒绝产生尴尬而寻找缓兵之计的念头。请不要说："我再想想看"或"我看看到时候行不行"等。明确地告诉对方："实在抱歉，这是不行的。"

（2）如果要避免生硬地拒绝，就提出一个新建议

假如朋友打电话问你："今天晚上去跳舞吧！"你不想去，就可以说："哎呀，今天晚上可不行，改日我邀请你吧。"

（3）有时没有必要说明理由

在很多时候，你只要简单地说一句："我实在有更要紧的事要做。"就可得到绝大多数人的谅解。

只要我们知道在什么情况下该拒绝别人，并且采取正确的方法拒绝，我们就能节省大量的时间，而且不至于因此引起人际关系方面的问题。

6. 拒绝上司有妙招

拒绝上司需要一种高超的策略。那么，该怎样拒绝才能达到自己的目的，又尽量不得罪上司呢？

让我们看看陶行知先生拒绝的艺术或许对我们有一些启示：

陶行知在南京高等师范学校任教务主任。有一次，高师附中招考新生。国民党政府一位姓汪的高级官员的两位公子也来报考。可是，这两位公子平日只知吃喝玩乐，从不认真读书、学习，属于不学无术的花花公子。结果，考试成绩低劣，未被录取。那位汪长官便打电话给南京高等师范学校找陶行知，要陶行知通融一下，录取他的两个儿子入学。陶行知婉言拒绝。

第二天，汪长官派自己的秘书亲自到校找陶行知当面求情。这位秘书一见陶行知便说明来意，请陶行知在录取两位汪公子入学问题上高抬贵手。

陶行知郑重地告诉来者：

"敝校招考新生，一向按成绩录取，若不按成绩，便失去了录取新生的准绳，莘莘学子将无所适从。汪先生两位令郎今年虽未考取，只要好好读书，明年还可再考嘛。"

秘书见陶行知毫无松口之意，便以利诱的口吻说道：

"陶先生年轻有为，又有留洋学历，只要陶先生在这件事上给汪先生一个面子，今后青云直上，何患无梯，眼下汪先生就会重重酬谢陶先生的。"

说罢，从皮包中取出一张银票递了过来："这是汪先生一点小意思，希望陶先生笑纳。"

陶行知哈哈大笑，推开秘书的手，说："先生，我背一首苏东坡的诗给你听听：'治学不求富，读书不求官。比如饮不醉，陶然有余欢。'请你上复汪先生，恕行知未能从命。"

秘书满脸通红，他站起来，收起银票，改用威胁的口气说："但愿陶先生一切顺利，万事如意，将来切莫后悔。"

　　说罢，悻悻而去。

　　陶行知先生运用引用的方式来明志和拒绝，可以说是一种有效的策略。但是，弄得秘书恼羞成怒，悻悻而去，就容易给自己埋下隐患，所以不能算一种高超的策略。

　　无独有偶，下面某教育科长的拒绝更高一筹：

　　冯先生是某教育局的人事科科长，经常处于矛盾的包围之中，上级的话他不得不听，违心的事也得办；下边的事不敢应，一应就是一大串，他的官当的苦不堪言。

　　一次，刘副局长让他想办法将其自费毕业的侄子安插到某中学去。这不符合政策，让冯科长很为难，因为一旦出问题，承担责任的是他，而非刘副局长；这时他想起了回避锋芒，不直接对抗的退让之法，便小试牛刀。

　　冯科长对刘副局长说："好，我会尽心为您办这件事的，您让您的侄子把他的毕业证、档案材料给我送过来。"

　　刘副局长的侄子来了，但只有档案材料，没有毕业证，因为他虽读完了两年学制，但学业不精，自学考试才通过了七门，哪来的毕业证，冯科长让他先回去等候通知。

　　过了几天，刘副局长又过问这件事情，冯科长先说了说他侄子的情况，随后说道："刘局长，你说话算数，你给那所学校的校长谈谈，只要他们接收，我这就把关系给开过去。"

　　刘副局长从冯科长的话里显然已听出了弦外之音，只好说："那就先放放再说吧。"

冯科长对刘副局长没有采取直接对抗的方法，而是欲擒故纵、回避锋芒，达到了保护自身的目的。

官场上的矛盾、冲突、痛苦，使大部分人都处于战争状态。用欲擒故纵的办法，回避锋芒，不直接对抗，让矛盾在迂回中得到妥善解决。一旦回避了锋芒，你就会发现事情原本可以很简单。识时务者为俊杰，当你处于矛盾的漩涡中时，当你处于矛盾的焦点时，你不妨暂且退让一步，再伺机推托。

7. 拒绝求爱有方法

被爱是一种幸福，如果爱你的人正是你所爱的人。但是，假如爱你的人并不是你的意中人，或者你一点也不喜欢他，你就不会感觉被爱是一种幸福了，你可能会反感甚至感到痛苦，这份你并不需要的爱就成了你的精神负担。

别人爱你，向你求爱，对方并没有错；你不欢迎，你拒绝对方的爱，你也没错。但关键的是看你怎样拒绝，如果拒绝得恰到好处，对双方都是一种解脱，也可以免去许多麻烦。如果你不讲方式，不能恰到好处地拒绝别人求爱，你就可能伤害他人，说不定也危害到自己。

初次交朋友，你也许曾经左右为难，因为对方的条件实在让人爱不起来。但是，由于是你的亲戚或同事介绍的，使你在拒绝上产生了犹豫，虽然每次见面你都会感到不舒服、不愉快，但每当想起这层关系，屡次想谢绝却又说不出口。你被这份多余的爱折磨得痛苦不堪，不知该如何是好。生活中处在这种矛盾中的人太多了。有些人遇到这些情况时不知该如何拒绝，处理不当，还造成了很不好的后果。

怎样对爱你的人说不，并在不伤害对方的情况下，让他接受这个事实呢？

拒绝求爱的方法有多种，从形式上，可以用短信，可以口头交谈，也可以QQ留言。但不管用什么样的方法，一定要做到恰到好处。以下几点建议，可供你参考：

（1）直言相告，以免误会

你若已有意中人，又遇求爱者，那么就直接明确地告诉对方，你已有爱人，请他另选别人，而且一定要表明你很爱自己的恋人。同时，切忌向求爱者炫耀自己恋人的优点、长处，以免伤害对方的自尊心。

（2）讲明情况，好言相劝

倘若你认为自己年龄尚小，不想考虑个人恋爱问题，那就讲明情况，好言劝解对方。

（3）婉言谢绝

倘若你不喜欢求爱者，根本没有与对方建立爱情的基础，可以在尊重对方的基础上，婉言谢绝。对自尊心较强的男性和羞涩心理较重的女性，适合委婉、间接地拒绝。因为有这类心理的人，往往是克服了极大的心理障碍，鼓足勇气才说出自己的感情，一旦遭到断然拒绝，很容易受伤害，甚至痛不欲生，或者采取极端的手段，以平衡自己的感情创伤。因此拒绝他们的爱，态度一定要真诚，言语也要十分小心。你可以告诉对方你的感受，让对方明白你只把其当朋友、同事或者当兄妹看待，你希望你们的关系能保持在这一层面上，你不愿意伤害对方，也不会对别人说出你们的秘密。

你不妨说：

"我觉得我们的性格差异太大，恐怕不合适。"

"你是个可爱的女孩，许多人喜欢你，你一定会找到合适的人。"

"你是个很好的男人，我很尊重你，我们能永远当朋友吗？"

"我父母不希望我这么早谈恋爱，我不想伤他们的心。"

如果对方是自尊和羞涩感都兼而有之的人，只是用言行含蓄地暗示自己的感情，那么，你也可以采取同样的办法，用暗含拒绝的语言，用适当的冷淡或疏远来让对方明白你的心思。

要记住，拒绝别人时千万不要直接指出或攻击对方的缺点或弱点，因为你觉得是缺点或弱点的东西，对方也许并不认为是缺点。所以，不能以一种"对方不如自己"的优越感来拒绝对方。特别是一些条件优越的女青年，更不能认为别人求爱是"癞蛤蟆想吃天鹅肉"，一推了之，或不屑一顾，态度生硬，让人难以接受。

（4）冷淡、果断

如求爱者是那种道德败坏或违法乱纪的人，你的态度一定要果断。态度要冷淡，对这类人也无必要斥责，只需寥寥数语，表明态度即可，但措辞语气要严谨，不让对方产生"尚有余地"的想法。

对嫉妒心理极强的人，态度不必太委婉，可以明确地告诉对方，你不爱对方，你们没有可能，这样可以防止对方猜忌别人。如果你另有所爱，最好不要让对方知道，否则可能加剧其妒恨心理，或被激怒而采取极端的报复行为。

另外，对方在你回绝后，如果还一个劲地缠住你，那么，你首先要仔细检查一下自己的回绝态度是否明确和坚决，是否让对方产生了误解；其次可以向组织汇报，通过双方领导或组织出面劝说；如果对方威胁你，那么你不要怕，要及时向领导汇报，通过组织给其做思想工作。